歌舞伎一年生

チケットの買い方から観劇心得まで

中川右介 Nakagawa Yusuke

★——ちくまプリマー新書

261

目次＊Contents

イラスト　神谷一郎
25頁の図　新井トレス研究所

はじめに

この本は、歌舞伎を見る上での実際的なことを、私自身の実体験に基いて書いたものです。

「歌舞伎とは何か」とか「伝統」とか「藝《げい》の真髄」といった崇高なテーマについては、偉い学者や評論家の本が何冊もありますので、それを読んだほうがいいでしょう。「歌舞伎の名作50」「歌舞伎のあらすじ」とかも、写真の入った本が何冊もありますので、「お勉強派」の方は、それらを読んでください。

歌舞伎というのは奥が深いとされていて、「三十年しか見ていないので、まだ何も分からない」とか「五十年見てきて、初めてこの芝居のことが分かった」とか「七十歳を過ぎないとものになりません」などと言われます。そんな話を聞くと、それだけでもう歌舞伎なんて見たくなくなってしまうものです。

たしかに、「五十年見てきて初めて分かったこと」もあるでしょうが、初めて見た瞬間に分かることだってあるのです。その手の「通《つう》」たちの話は適当に聞き流して、まずは見ることです。見ないことには何も始まらないのです。

たとえばサッカーのファンは、何かのきっかけで試合を見に行って、ファンになるわけで、その前に、サッカー発祥の地はどこで、西暦何年に最初の試合があって、ワールドカップはいつから始まって……、なんていうサッカー史を学んでから見に行くでしょうか。

そういうことはファンになってから、気になった時点で調べて、知っていくものです。見たいと思ったら、調べてないで、まずは見るでしょう。歌舞伎もそういうアプローチでいいのです。

まだ一度も歌舞伎を見たことのない人のためにこの本は書かれるのですが、そういうあなたが一番知りたいのは、「歌舞伎のチケットはどうやって買うのか」でしょう。

そう、この本はそういう話から始まるのです。

普通の入門書やガイドブックでは巻末に、おまけのようにして書かれている実用的なことが、この本では主体となります。

タイトルの「歌舞伎一年生」は、小学館の学年誌「小学一年生」から思いついたものです。お読みになっていた方も多いと思いますが、あの雑誌には『ドラえもん』などのマンガだけでなく、小学校入学前後の子どものために、いろいろな情報が載っています。勉強のページだってあるのです。

歌舞伎の入門書は、しかし、どうも歌舞伎五年生くらいを対象にしたものが多いので、本当の一年生のための本を作ってみようとして、この本は書かれました。

したがって、これから歌舞伎を見ようという人、あるいは数回しか見ていないけどこれからもっと見たいと思っている人を、一応、読者として想定していますが、歌舞伎をよく見ている人にも楽しんでいただけるようにもなっています。

文中、けっこう専門用語が出てきますが、分からなくても、読み飛ばしてください。その場で説明すると煩雑になるのでしませんが、最後まで読んでいただければ、何のことか分かるでしょう。

と、前口上《まえこうじょう》(これもまた歌舞伎の専門用語のひとつです)はこれくらいにして、さっそく本題に入ることにしましょう。

本書に記されている、公演や役者の状況、チケットの金額や購入方法などはすべて、二〇一六年六月現在の情報です。

第一章

歌舞伎はどこでやっているのか

『暫《しばらく》』より

「滝沢歌舞伎」は歌舞伎なのか

「歌舞伎」と名の付く演劇の公演は、たくさんあります。

たとえば、ジャニーズ事務所の滝沢秀明《たきざわひであき》が主演する「滝沢歌舞伎」というのもあるし、全国各地にその土地の名を冠した「○○歌舞伎」もあります。

しかし一般的にイメージされている歌舞伎は、市川海老蔵《いちかわえびぞう》や坂東玉三郎《ばんどうたまさぶろう》らが出演するものでしょう。

滝沢秀明は「滝沢歌舞伎」で主演しますが、彼は「歌舞伎役者」ではありません。歌舞伎役者のなかで中心となるのは、徳川時代から続く「役者の家」の人たちです。彼らはみな何代目○○と名乗ります。たとえば、海老蔵は十一代目市川海老蔵だし、玉三郎は五代目坂東玉三郎です。

他に脇役の人もたくさんいますが、歌舞伎役者はみな、公益社団法人「日本俳優協会」に所属しています。この協会には他に新派の役者も所属していますが、基本的には歌舞伎役者による団体です。逆に言えば、「日本俳優協会に所属している（新派以外の）

人たちが歌舞伎役者」なのです。映画俳優は別に映画俳優協会というのがあり、そこに所属します。ジャニーズやAKBなどのアイドルたちに協会はなさそうです。

日本俳優協会に所属している役者が出演し、株式会社松竹が興行しているものが、世間一般で言う「徳川時代から続く伝統藝能《げいのう》としての歌舞伎」なのです。滝沢歌舞伎は松竹が制作し興行していますが、滝沢秀明は日本俳優協会に所属していないので、この歌舞伎の条件を満たしません。

松竹以外が主催する歌舞伎公演もありますが、何らかのかたちで松竹が関係していま す。歌舞伎は松竹という一私企業が独占しており、これは世界的にも珍しいと言ってい い。

同じように約四百年の歴史を持つシェイクスピア劇は世界中で上演されているし、オペラだって全世界のどの歌劇場でも上演しています。歌舞伎だけが、一私企業が独占しているのです。ある時期、東宝も歌舞伎の公演をしていましたが、いまは撤退していま す。だから別に松竹以外がやっても法的には問題ないのです。なにしろ、徳川時代に書かれた台本ですから著作権は消滅しています。それなのに、松竹以外は興行しません。

松竹は歌舞伎を独占しけしからんと批判しているのではありません。よくぞ、続けてくれていると思います。

歌舞伎は興行である

何年か前、当時の大阪の橋下徹《はしもととおる》市長が文楽（人形浄瑠璃）への補助金をカットすると言って物議を醸したことがあります。

現在では税金による補助金がないと、文楽は成り立たないわけですが、実は文楽も昭和の戦後のある時期まで松竹が興行していたのです。しかしとても採算がとれなくなり、松竹は「文楽は客が入らなくて、自分のところでは興行としてはもうできない。しかし、重要な伝統藝能だから、あとは国が面倒をみてくれ」と、手放したのです。というより、国や自治体に押し付けたのです。

松竹は民間の株式会社ですから、利益を上げなければなりません。いまのところは、歌舞伎は充分に利益を上げていますが、儲からなくなれば、松竹は手放すかもしれません。

ともかく現在の歌舞伎は、松竹の興行として上演され、税金などの公的資金は、直接は投入されていません。ただ、役者のなかでベテランの名優は、日本藝術院会員や無形文化財保持者（人間国宝）、文化功労者になっており、そういうポストには国から報酬が出ています。また、千代区隼町《はやぶさちょう》にある国立劇場でも歌舞伎公演があり、ここは国立劇場なので、当然、税金が入っています。また、全国の都道府県や市町村のホールをまわる巡業もあり、それらは各自治体が主催していることが多いので、税金も投入されているでしょう。

だから「歌舞伎には一円も税金が使われていない」とは言えません。それでも、公的資金への依存度が低い伝統藝能であると言えます。

つまり、あなたが見に行くことによって、歌舞伎は成り立っているのです。

あくまでも興行、つまりエンタメのビジネスであることが、歌舞伎がいまも隆盛である理由のひとつです。伝統藝能でございます、と威張っていたのではやがて衰退する——その危機感が役者たちにあるので、面白いものをやろうと努力しています。

役者たちは自分の家の藝の伝承・継承と、自分自身の藝の精進を日々しているわけですが、松竹は商業主義に徹している。このバランスがいまのところ、うまくとれているわけです。

そう、歌舞伎のライバルは、伝統藝能である能や狂言、文楽ではなく、東宝や劇団四季のミュージカルであり、他のストレート・プレイなのです。裏を返せば、ミュージカルと同じくらい面白い、ということです。

歌舞伎座はいつでも歌舞伎を上演している

歌舞伎の歴史は徳川政権が始まったのとほぼ同じ、十七世紀の初頭なので、四百年以上の歴史があります。一方の松竹は明治の後半、一八九五年（明治二十八年）に創業で、二〇一五年で百二十年でしたから、歌舞伎のほうが松竹の四倍近い歴史があります。

松竹が歌舞伎興行をほぼ独占するようになったのは昭和に入ってからです。明治の新時代になっても、芝居の世界は徳川時代からの旧態然とした慣習が残っていましたが、新興の松竹はそれを改革し、次々と劇場を買収し、そこで演じていた歌舞伎役者たちを傘下にし、昭和の戦前に独占体制を築いていったのです。

その歴史を書いていくと、それだけで一冊の本になってしまうので省きますが（実際、一冊の本を書いたので、詳しく知りたい方は私が書いた『歌舞伎座誕生』という本を読んでください。朝日文庫から出ています）、まず知っておかなければならないのは、「歌舞伎は松竹が興行している」ということです。

松竹が興行する歌舞伎は、松竹が経営する劇場や、松竹以外の劇場、あるいは各地の公的なホールや劇場でも上演されていますが、最も有名な劇場が、東京・銀座にある、その名も、歌舞伎座です。この劇場も松竹の傘下にあります。

歌舞伎座は二〇一〇年に改築のため閉場し、建て替えられ、二〇一三年四月に新開場しました。閉場のときも新開場のときも、けっこう話題になったので記憶にある方も多いでしょう。

歌舞伎座は、その名の通り、歌舞伎専用の劇場です。一年三百六十五日のうち、三百日近く、歌舞伎が上演されています。三階席まであり、総席数一八〇八という、日本でも有数の大劇場です。

歌舞伎興行は一か月単位で行なわれ、原則として一日《ついたち》が初日で、二十五日間休演日なしで上演され、二十五日が最終日（千穐楽《せんしゅうらく》といいます）になります。月によっては二日や三日が初日になり、三日初日ならば二十七日まで上演されます。さらに昼の部と夜の部とがあり、それぞれ別の演目が上演されます。昼の部は午前十一時に始まり、午後三時から四時の間に終わり、四時半に夜の部が始まり九時頃まで。ですから公演数は月に五十。七十歳を超えた名優たちも、毎日、舞台に出ます。

例外として、三部制の月もあります。第一部が午前十一時から、第二部が午後三時前後、第三部が午後六時前後からとなります。普段の月は「夜の部」といっても四時半からなので、会社勤めの人は行きにくいものですが、六時過ぎからなら行けます。さらに、一公演あたりのチケット代も通常月の公演よりも安くして、若い人でも行きやすいようにしたわけです（もっとも、三部全てに行くと、合計すればいつもの月より高くなるのですが）。この三部制興行は、一九九〇年に若き日の十八代目中村勘三郎と十代目坂東三津《ばんどうみつ》五郎《ごろう》が、松竹に頼んで始めたものです。これまでは、八月のみが若い役者中心で「納涼歌舞伎」と銘打っての三部制でしたが、二〇一六年は六月も三部制が取られました。

仮に一日初日で二十五日が千穐楽とすると、翌月一日にはまた新しい公演になります

から、その間の五日か六日しか休みはありません。しかも、この五日か六日は次の月の公演のための準備期間でもあります。

一般の演劇は、一か月間の稽古（リハーサル）がありますが、歌舞伎にはそんなものはないのです。全員が揃《そろ》っての舞台稽古は、初日の前日の一日だけというのがほとんどです。もっとも、新作の場合は、稽古の日程がもっと多く取られますが、それも、当月の公演に出ながら、翌月の稽古をするという状況です。

一方、劇場側からみても、歌舞伎座では二十五日まで公演があり、翌月一日には次の公演の初日となると、お客さんを入れない日は五日くらいしかないのですが、その五日間も、舞踊の発表会などに貸しているので、劇場の稼働率はとても高いのです。本当にお客さんを入れないのは初日の前日と前々日の舞台稽古の日くらいです。

ということは、あなたが、突然、「今日、歌舞伎が見たい」と思ったとして、東京近郊に住んでいるのであれば、とにかく銀座へ向かい、歌舞伎座へ行けば、何かはやっているということです。間違っても、新宿へは行かないでください。歌舞伎町には歌舞伎座はありません。知人の、少なくとも三人が歌舞伎町に行ってしまいました。なぜ歌舞伎座がないのに歌舞伎町なのかは、話が長くなるので、省略します。

というわけで、歌舞伎座の最寄り駅は地下鉄の「東銀座」。駅からそのまま歌舞伎座へ行けます。迷うことは、まずないでしょう。

ただ、二十五日間の興行ですから、月によっては月末・月初は、やっていない日もあるので、これは調べる必要があります。なお、当然ですが、「いつでも」といっても、夜中や早朝に行っても無駄です。午前十一時から、せいぜい夜七時くらいまでなら、何かやっていますから、見ることができます。

チケットの買い方

「とにかく歌舞伎座へ行けばいいと言うけど、チケットはどうするんだ」と思うでしょう。それは、まあどうにかなります。よほど人気のある役者が出る月は別として、前売りで完売することはないので、当日売りがあります。なにしろ、一八〇八席で二十五日ですから、連日満員にするには四万五二〇〇席を売らなければならず、甲子園球場の阪神・巨人戦なら一試合分ですが、演劇の興行としては、けっこう大変な数字なのです。一日二公演ですから、一か月に売らなければならないチケットの総計は九万四〇〇〇枚です。

ただ当日売りはようするに「売れ残っている」チケットですから、席は後ろだったり端だったりすることが多いのですが、これは仕方がない。

当日券が完売していたとしても、歌舞伎座には「一幕見《ひとまくみ》」というシステムがあります。昼の部・夜の部とも、三つか四つの演目が上演されますが、その一演目ごとに売るチケットのことで、席は最上階の、いわゆる「天井桟敷」で、椅子席がいっぱいの場合は立ち見になります。つまり安い。その「一幕見」のチケットは当日しか売らないのです。

逆に言えば、前売りで完売していたとしても、当日、一幕見を買えば見ることができます。開演時間である十一時や四時半には間に合いそうになくても、一演目だけ見ようという場合には、これを使う手もあります。ただ、これも数に限りがあるので人気のある月だと、かなり前から並ばなければ買えません。

歌舞伎座以外の劇場での歌舞伎公演も、よほど人気のある公演でない限りは、当日売りがあるので、まずはネットで調べてみることです。

そうなのです。歌舞伎も、他の演劇と同じように、ネットでチケットが買えるのです。ネットでの買い方については、のちほど詳しく書きましょう。

昔は、歌舞伎の入場券は「お茶屋さん」が取り扱っていました。だから、まずそのお茶屋さんと知り合いでなければ買えませんでした。昔の劇場には、食堂も休憩所もなかったので、劇場周辺に、休憩して食事をするお茶屋があり、そこがチケット販売業も兼ねていたのです。しかし、このシステムも明治の半ばに松竹によって改革され、劇場が直接、売るようになりました。

現在は、歌舞伎座に電話をして買うことができますし、直接、出向いても買えます。

ネットを使うのが嫌いな人や苦手な人は、そういう方法で買えばいいのです。

高いか、安いか

歌舞伎には人間国宝や文化功労者、藝術院会員が出演するし、なんと言っても伝統藝能ですから、高尚なイメージが漂っています。当然、チケット代も高いのではないかと思っている人は多いようです。

歌舞伎座の公演の場合、チケット代は席は五つのクラスによって異なります。

いちばん多いのが一等で、一階の最前列から十六列目までと二階の最前列から七列目までで、一万八千円。二等は一階の十七列目から二十二列目と、二階の八列目と九列目で一万四千円。三階は一列目から六列目までが三階Aで六千円、七列目から十列目までが三階Bで四千円（一等、二等の次はなぜか「三等」ではなく、「三階」といいます）。このようにフロアと列によって値段の差はあるのですが、同じ列であれば、中央だろうが端だろうが、同じ値段です。

一等から三階Bまでとは別に、一階左右には桟敷席といういちばん値段が高い席があります。舞台に90度になるので、角度としては見やすいとは言えないのですが、普通の一階席より位置が高くなっているので、見やすいし、ゆったりしているし、前がテーブルのようになっていて、食事もしやすい席です。ここが二万円。一等との差は二千円なので、アメニティを考えれば、桟敷席のほうがコストパフォーマンスはいいのです。

私が普段行くのは、いちばん安い三階Bで、好きな役者が出るときは一階で見ますが、一等ではなく二等の最前列か、奮発して桟敷席。一等席は中途半端なので、あまり行きません。二階は最前列（一等になります）以外は、あまり薦められません。天井が低く圧迫感があるし、宙乗りのときは、その天井が邪魔で見えなくなります。

「大向《おおむこ》うを唸《うな》らせる」という言葉がありますが、その「大向う」とは、厳密には三階席のさらに上の一幕見席のことをいいます。西洋の劇場にある「天井桟敷」のことです。安い席なので常連がたくさんいます。そういう人は芝居に詳しい。その大向うにいる人たちが唸って感心するような名演技、それが「大向うを唸らせる」なわけです。「成田屋」とか「音羽屋《おとわや》」と役者に声を掛ける人たちがいるのも、この大向うなのです。一階や二階からは声は掛けないというのが暗黙のルールです。

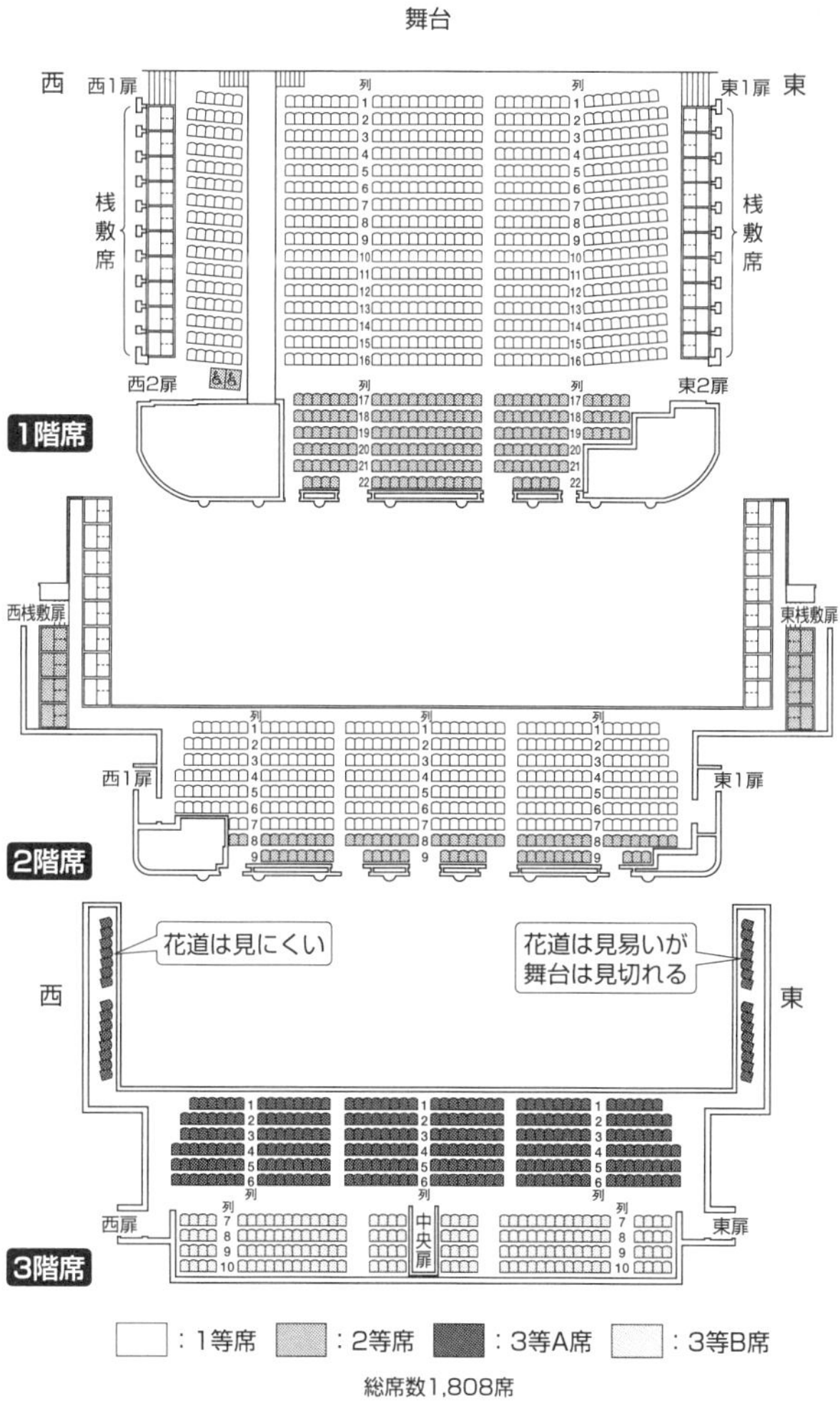

【歌舞伎座の座席表】栈敷席は見やすく居住性も良い。１等席の12列目より後ろなら２等席の17列以降の方がコストパフォーマンスがいい。２階席は最前列以外お勧めできない。でも２階のロビーは広くて快適。３階席は３列目までならＡがいいが、４〜６列ならＢとそれほど変わらない。

一幕見の料金は、月によって異なるのですが、最初の演目が千円、次が千五百円、最後が千五百円、というように、合計すると三階Bと同じ四千円になるように設定されています。

桟敷席から一幕見までの金額は歌舞伎座の通常公演の場合で、襲名披露興行など特別な興行のときは高くなり、花形歌舞伎のときは安くなる場合もあります。

そういうわけで歌舞伎座のチケットは、一幕見を除けば、二万円から四千円まで。格差は五倍。

歌舞伎座は劇場のなかでは安い三階席が多いほうで、良心的と言えば良心的ですが、一方、一階の最前列と十六列目が同じで、さらに真ん中でも端でも同じ金額というのは、いかがなものかと思います。これには深い大人の事情があるようですが。

チケット代二万円は、学生にはかなり高いけど、四千円ならどうにかなるのではないでしょうか。他の演劇と比較しても特別に高いわけではないのです。

四千円の三階でも、役者の声は充分に聴こえます。顔も表情まで、かなり見えます。オペラグラスを使っている人もいますが、使っていない人のほうが多い感じです。私は使っていません。

ただ、場所だけでなく、座席と座席の間の広さも値段に応じて違います。一等のほうが、前の座席との間も広いし、横も広いのは、まあ当然です。このあたりは飛行機や鉄道の等級と同じです。

前売りの買い方

では、ネットで歌舞伎のチケットを買うにはどうするか。

歌舞伎公演はこれまで述べてきたように、松竹が興行しています。だから「松竹」「歌舞伎座」と検索すればいいのですが、専用のサイトは「チケットweb松竹」。ファンは、略して「チケ松」と呼びます。ちなみに、「松竹」は「しょうちく」とよみますが、「チケ松」は「ちけまつ」とよみます。これが定着したせいか「チケ松」で検索しても、たいがいは出てきます。

さらにいえば、「松竹」というのは、創業者が白井松次郎と大谷竹次郎という双子の兄弟で、その名前から松竹という会社名になり、最初の頃は「まつたけ」と呼ばれていましたが、ある時期から「しょうちく」となったものです。双子なのに姓が違うのは兄の松次郎が白井家の婿養子になったからです。

「チケットweb松竹」にはPC版だけではなく、スマホ版もあります。このサイトに入って、指示にしたがって入力したりクリックしたりしていけば、チケットは買えます。座席もその場で好きなところが買え、チケットは劇場の窓口のそばにある引取機で取ればいいのです。その日のチケットであっても、数日先のでも、この方法で買うことができます。数日先のチケットを買う場合は、郵送やコンビニでの受け取りも可能ですが、手数料がかかります。

ネットで買う場合、決済はクレジットカード。だからカードをお持ちでない方はネットでは買えません。「チケットホン松竹」(0570－000－489、あるいは03－6745－0888)へ電話をして買うことになります。電話で買う場合は、劇場窓口で引き取るか宅急便で送ってもらうか、コンビニで受け取るか、いろいろ選べます。また、チケットぴあやイープラスなどのチケット販売会社でも扱っています。ようするに、他の演劇やミュージカル、コンサートと同じなのです。

ネットで「チケ松」とリンクしているのが「歌舞伎美人」というサイトです。歌舞伎ファンはここをチェックしています。「かぶきびじん」ではなく「かぶきびと」とよみます（www.kabuki-bito.jp）。これも松竹がやっているもので、ここには、歌舞伎の公演情報がかなり先まで載っていますし、役者のインタビューや、歌舞伎に関するニュースなども載っていて、チケットを買うにはここから「チケ松」に飛べます。

では、まだ公演が始まっていない前売り券はどうすればいいのか。

歌舞伎興行は月の初め、一日とか二日が初日ですが、歌舞伎座のチケットの発売日は前月の十二日です。これはネットと電話で買う場合で、窓口での発売は十四日。いずれも午前十時が発売時刻です。

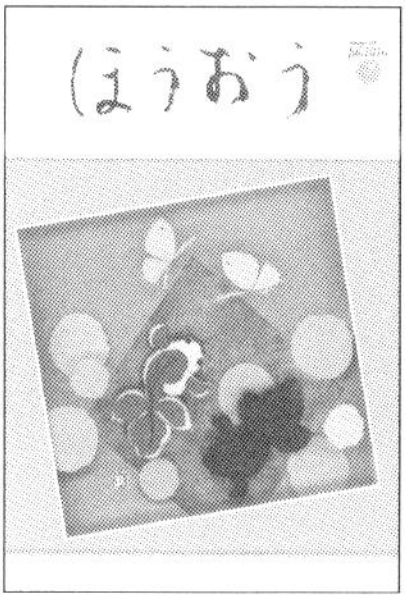

ところが、「松竹歌舞伎会」に入ると、十日に発売となります。十二日に発売される分は、歌舞伎会の会員が買った残りの席となります。とても人気のある役者が出る場合は、この歌舞伎会の優先販売だけで完売してしまうこともあります。歌舞伎会用の枠があるわ

けではなく、これは会員からみれば良心的なシステムです。

会員になるには、「十八歳以上」という以外、特に資格は必要なく、年会費三二四〇円を払うだけです。入会金も不要。ただ、ニコスカードと提携しているため、このカードの審査に落ちると入れない可能性もあります。

入会すると、チケットの優先販売の他、劇場では二五〇円で売られている「ほうおう」という会報誌が毎月届きます。二五〇円が十二冊で三千円なので、それだけでも元はとれます（もっともこの「ほうおう」を二五〇円払ってまでして欲しい人がいるかどうかは疑問ですが）。さらに劇場で売られている「筋書き」（プログラム）が百円割引になり、松竹の映画館で安くなるなどお得な特典がさまざまです――と、宣伝すると、まるで松竹のまわしもののようですが、私は松竹からは一円ももらっていないし、それどころか、毎年数十万円もチケット代を払っている身です。お金をもらって宣伝しているわけではありません。むしろ、私としては会員が増えれば、それだけチケット争奪戦の競争相手が増えることになり、本音を言えば、会員は増えてほしくない。それでも、この本はそういう情報を提供するためのものなので、書いているのです。

東京あるいはその近郊に住んでいて、月に一回は歌舞伎を見ようと思うのなら、この歌舞伎会に入ることをお薦めします。ただ、逆に言えば、この歌舞伎会に入ったがために、毎月行くようになるケースもあり、実は私はこのパターンでした。

最初に歌舞伎会に入ったときは、毎月行く気なんかなかったのです。入ったほうがチケットが買いやすいという理由で入りました。その時点では、自分が好きな役者が出る月だけ行こうと思っていたのです。しかし、松竹にはなかなか頭のいい人がいるようで、その術中にはまってしまいました。

歌舞伎会には会員のランクがあり、それによってチケットの発売日が違うのです。一般の前売りが十二日で、歌舞伎会会員は十日から買えるのですが、その「十日から」なのは、歌舞伎会の「一般会員」で、特別会員になると九日から、ゴールド会員になると八日から買えるのです。

まずゴールド会員が八日に買って売れ残った分を、九日から特別会員が買って、さらに残ったものを十日から一般会員が買って、それでもまだ残っている分が十二日から一般に売り出されるという仕組みなのです。実際、とても人気のある役者が出る月など、一般発売の時点ではほぼ完売となります。新聞広告等を見て、「今日から発売か」と知った一般のお客さんが十二日にネットや電話で買おうとしても、売り切れていたという例は何度かあります。

ですからゴールド会員になれば、ほぼ自分が希望した日の希望した席が取れるわけです。

では、ゴールド会員になるにはどうすればいいのか。高い会費を払えばいいのかというと、そうではなく、前年のチケットの購入実績によって決まります。一年間に、歌舞伎会を通じて、松竹の歌舞伎公演のチケットを二十八回以上買えば、ゴールド会員になれます。十四回以上だと、特別会員。それに満たない場合は、一般会員のまま。会費は同額でも、ゴールド会員はたくさんチケットを買っているので、松竹に払う金額は一般会員よりは高いでしょう。

この回数というのは、昼の部と夜の部は別に数えます。一度に四枚買っても一回としかカウントされないし、同じ月の昼の部に五回行ったとしても、一回としかカウントされません。「二十八枚のチケットを買う」だけではダメなのです。それでいて、新橋演舞場での歌舞伎以外の松竹の興行はカウントされるのだから、不可解です。

歌舞伎座では八月が三部制でそれ以外は二部制ですので、年間二十五公演。その全てに行って、なおかつ新橋演舞場や大阪松竹座での公演に三回以上行ってようやく、翌年はゴールド会員になれるのです。けっこう大変です。まず、他の演劇やコンサートには行けなくなります。とても時間とお金が足りない。

歌舞伎会に入ったときは「一年間に二十八回も歌舞伎を見に行くなんて、どんな人なんだろう」と思ったのですが、その数か月後には、二十八回を目指して毎月二回、行くようになっていたのだから、恐ろしいものです。少年時代の夏休みのラジオ体操で、二十回行ったら何かもらえるというので、スタンプを押してもらうために早起きしていた日々を思い出します。手段が目的化してしまうのです。

この「一年間」というのは入会月からではなく、毎年、十二月から翌年の十一月までなので、最初の年に二十八回行くのはまず不可能ですが、それでも思いついたときに入ったほうがいいでしょう。一般会員でも、会員ではない人よりは先に買えますから。

着るものと食べるもの

観劇となると、とくに女性の場合は「何を着て行こうかしら」という問題があります。これについては私はまったくの門外漢なので、アドバイスも何もできません。歌舞伎以外の演劇と比べれば、歌舞伎座には――とくに正月などは、和服で来ているお客さんは多いのですが、それでも少数派です。ドレスコードはなく、男性もノーネクタイでも、ジャケットなしでも入れます。ようするに、常識の範囲の格好であればいいのです。帽子は、観劇中ははずように言われます。そんな程度。

昼の部は、十一時から三時過ぎまでなので、昼食をとることになります。休憩時間は長い時で四十分、短くて二十五分。その間にすまさなければなりません。歌舞伎座のなかにはいくつか食堂があります。かの吉兆もあって、松花堂弁当（お椀、御飯、果物）が六千五百円。私は一度も行ったことはありません。もっと安い食堂もありますが、それでも二千円以上しますので、めったに行きません。

経験がないので分かりませんが、歌舞伎座でお見合いすることもあるようで、そういう場合は、「吉兆にお席をご用意しました」ということになるから、そういう需要もあるのでしょう。

三十分の幕間《まくあい》ですからトイレにも行くことを考えれば、実質二十分ちょっと。タバコを吸う人なら、喫煙コーナーに行かなければ吸えないのでその時間もみなければならず、そんなあわただしい食事に何千円もかけるのは、もったいないと思うのですが、それはまあ、ひとそれぞれ。

幕間に外へ出るのは自由です。ただし、チケットを持っていないと再入場できません。周囲には立ち食いそばとかカレー屋があります。PRONTもあるのでパンやパスタも食べられそうです。でも、外で食べる場合は、時間が気になります。

というわけで、お弁当です。歌舞伎座のなかでも売っているし、地下でも売っています。でも、歌舞伎座が売っているものは、やはり割高ですので、時間にゆとりがあれば、どこかで買って行くほうがいいでしょう。

私がいつも買うのは、歌舞伎座の通りを隔てて向かい側にある辯松《べんまつ》という弁当屋の赤飯弁当。税別七百三十円。歌舞伎座は飲食物の持ち込み可なのです。知人のなかには、銀座駅で下車して、三越や松屋などのデパ地下で買って行く人もいます。安く済ませるのなら、周囲にコンビニもあります。もちろん、自分で作って家から持って行くのもかまいません。そういう人も多いようです。

辯松は、妻の母が好きだった店でした。義母は歌舞伎好きで、歌舞伎座へ行くときはいつも辯松の弁当だったのです。それで妻も、いつもここの赤飯弁当を買っていて、私もそれにつきあうようになったわけです。

知人のなかには母娘二代か三代にわたり、辯松の赤飯弁当と決まっている人が、何人かいます。歌舞伎は役者だけでなく、ファンも何代にもわたりますし、贔屓《ひいき》の弁当屋も何代にもわたり決まっているものなのです。

買ったお弁当は座席で食べることになります。座席での飲食禁止の劇場が多い中、歌舞伎座は徳川時代からの伝統を守り、座席での飲食可なのです。普段は客席での飲食を禁止しているシアター・コクーンでも歌舞伎のときは、飲食可になります。

歌舞伎座では、ロビーでも食べられます。しかし椅子の数が少ないので、その争奪戦で敗北すれば結局、座席に戻って食べるしかないので、無駄な闘いには挑みません。ちょっと窮屈ですが、最初から座席で食べます。もっとも窮屈なのは三階席だからで、一階なら、ゆとりはあります。ロビーが比較的すいているのが、二階です。客席数が少ないうえにロビーが広く、椅子も多いので、二階席で見るのでしたら、ロビーで食べられるでしょう。一階はロビーそのものが狭く、椅子なんてほとんどありません。三階のロビーは一階よりもましで、椅子も少しはあるし、立って食べるためのテーブルもいくつかあります。

食べ物では、食堂や弁当の他、三階のロビーにはたいやき屋があって、これは歌舞伎座の名物です。長い幕間では弁当を食べ、次の幕間でたいやきを食べるのが、私のいつものコースです。

難しいのが夜の部で、四時か四時半の開演で、五時から六時の間に三十分前後の幕間があり、これが食事タイム。しかし終演時間は八時から九時なので、そのあとに食事をすると決めているのなら、この幕間は本格的な食事をしないほうがいいわけです。

誰と行くのかにもよって、食事をどうするかは変わってきます。

まとめれば、歌舞伎座内の食堂は高いし、幕間は三十分なのでゆっくり食べている余裕はないから、弁当がいい。歌舞伎座のなかで食べる価値があるのは、三階で売っている、たいやきのみ、となります。こういうことは、歌舞伎座・松竹の協力で作られるガイドブックや雑誌の記事には載っていない、毎月通うファンだけが知っていることです。

歌舞伎座以外で歌舞伎を見るには

歌舞伎座以外でも、歌舞伎の公演はあります。

まず東京には、歌舞伎座のすぐ近くに松竹系の劇場として、新橋演舞場があります。歌舞伎座が工事中の三年間は、ここで歌舞伎公演が毎月のように行なわれていました。現在も、一月は市川海老蔵を座頭《ざがしら》とする公演があり、その他、若手を中心とした公演が年に何回か行なわれます。それ以外の月は、喜劇が多いです。滝沢歌舞伎も、この新橋演舞場で上演されます。

歌舞伎を上演する松竹直営の劇場は、他に、大阪松竹座と京都の南座があります。大阪松竹座では、一月と七月は必ず歌舞伎公演です。それ以外の月でも、年によっては歌舞伎を上演することがあります。

京都の南座では十二月に「顔見世」があります。京都は歌舞伎発祥の地ですが、現在は、この一か月だけです。それ以外の月でも、海老蔵や玉三郎の特別公演がありましたが、二〇一六年から耐震工事のため、休館になっています。

東京に戻ると、皇居のそばには国立劇場があり、十月から翌年一月までが歌舞伎の本公演です。ここ数年は、尾上《おのえ》菊五郎、松本幸四郎、中村吉右衛門《きちえもん》、中村梅玉《ばいぎょく》の四人が月ごとに座頭となり、その一門を率いて勤めています。とくに一月は、伝統的に尾上菊五郎が出ることになっています（たまに例外はあります）。その後、三月は若手による公演があり、六月と七月は高校生を対象として歌舞伎鑑賞教室があります（高校生以外でも行けます）。一等席でも三九〇〇円と安いです。

国立劇場は、昼の部だけ（何日かは夜の部だけ）の一部制で、ひとつの演目を通しで上演することが多いです。主催は国立劇場で、制作に松竹は関与しませんが、出る役者は松竹大歌舞伎の役者と同じです。しかし、歌舞伎座の場合、菊五郎、幸四郎、吉右衛門、仁左衛門《にざえもん》、梅玉などの大幹部のうち二人か三人が一緒に出るのに国立劇場は一人ずつですので、どうしても、役者の層は薄くなります。

正月だけですが、浅草公会堂でも歌舞伎があります。若手中心の座組《ざぐみ》です。

渋谷のシアター・コクーン、赤坂の赤坂ACTシアターは、十八代目中村勘三郎が歌舞伎の劇場として開拓したところで、勘三郎亡き後は、息子の勘九郎《かんくろう》と七之助《しちのすけ》の公演がありますす。毎年ではないので、チェックが必要です。

勘三郎が始めたものでは、平成中村座もあり、これは移動式の劇場です。浅草でやることが多いのですが、ニューヨークにまで持って行ったこともあります。

明治座でも、年に一回か二回、花形の座組での歌舞伎公演があります。歌舞伎座が建て替え工事中の間は、日生劇場でもありました。

名古屋には、御園座《みそのざ》という劇場があり、ここでも年に二回、歌舞伎公演がありましたが、経営破綻し、新しい経営母体のもとで劇場が建て替え中で二〇一七年の終わりに新開場の予定です。それまでの間、十月に日本特殊陶業市民会館ビレッジホールで御園座主催の歌舞伎公演が行なわれています。

名古屋の中日劇場でも、歌舞伎公演がありますが、ここでは市川猿之助《えんのすけ》の一座が出るのが恒例です。

福岡の博多座《はかたざ》でも、年に二回は歌舞伎公演があります。

四国の香川県琴平町《ことひらちょう》には、徳川時代に建てられた金丸座《かなまるざ》という芝居小屋があり、ここでは毎年四月に、「四国こんぴら歌舞伎大芝居」が行なわれます。小さな劇場で、役者がすぐそばで見られます。若手中心のことが多いのですが、襲名披露公演のときなどは幹部クラスも来ます。

四国ではもうひとつ、徳島県の大塚国際美術館システィーナ・ホールでの「システィーナ歌舞伎」もあります。二〇一六年が七回目でした。公演数は三日で六公演と少ないのですが、片岡愛之助と中村壱太郎が中心で、新作を上演します。「和と洋のコラボレーション」をテーマとしているのが特徴です。二〇一六年は、映画やミュージカルにもなっているフランスのジャン・コクトー作『美女と野獣』を、日本の戦国時代の話にした歌舞伎を上演しました。

愛之助は、兵庫県豊岡市出石町《いずしちょう》柳にある、一九〇一年（明治三十四）に建てられた古い芝居小屋、出石永楽館でも、秋に一週間ほど「永楽館歌舞伎」を上演しています。二〇一五年が八回目でした。東京の歌舞伎座にはあまり出演する機会がないのですが、こうやって地方で頑張っているのです。

昔に建てられた芝居小屋での公演としては、熊本の八千代座《やちよざ》もあります。この劇場も古く、一九一〇年（明治四十三）に建てられたものです。毎年のように玉三郎が舞踊公演をやっていましたが、最近は海老蔵や猿之助もここで公演するようになっています。ほぼ毎年、歌舞伎公演があるのは、ここにあげた劇場です。

この他、全国の自治体の公営ホール（県民会館とか、県民ホール）を毎日一か所ずつ移動する巡業があります。夏から秋にかけて、毎年、三コースの巡業があり、三チームが結成されて、全国をめぐります。地方在住の方でも、年に一回は歌舞伎を生で見ることができるわけです。

歌舞伎座以外の公演は、役者の数が少ないなどのマイナス面はありますが、歌舞伎座では上演しないものをやったり、あるいは同じ演目でも、歌舞伎座では幹部クラスが演じる役が若手にまわってきたりするので、「そのとき、そこでしか見られない」という点で、重要な公演もあります。なかには地方でまずやってみて、評判がいいので歌舞伎座でも上演できることになった、というものもあるのです。

松竹が主催する公演以外に、それぞれの役者の自主公演というのもあります。若い役者がやるのですが、劇場やホールを借りて、数日間、上演します。自主公演といっても、ちゃんとした本格的な歌舞伎です。セットも、小道具も音楽も、本公演と遜色ありません。普段の歌舞伎座の公演では若いのでまだ勤められないような役を演じたり、実験的な新作を上演したりします。

尾上松也《おのえまつや》は、尾上松助《まつすけ》の子でしたが、大幹部になれる家柄ではなく若くして父が亡くなってしまったため、なかなかいい役はまわってきませんでした。そこで彼は早くから自主公演を始め、自分の存在をアピールしていたのです。

市川猿之助も亀治郎《かめじろう》時代から自主公演に熱心で、彼の場合、圧倒的な集客力をもつようになっていったので、国立劇場の大劇場という、普段の歌舞伎公演ではめったに満席にならない所を借りて、十日間にわたり満席にしていたこともあります。

海老蔵、勘九郎・七之助の兄弟も自主公演に熱心で、全国をまわっています。彼らは名門中の名門ですが、父が亡くなってからは歌舞伎座に出る機会が少なくなり、呼んでくれないのなら自分でやるしかないと、奮闘しているわけです。

もっと若い世代では、二〇一五年から尾上右近《うこん》と中村歌昇《かしよう》・種之助《たねのすけ》も自主公演を始めました。右近は清元の家元である七代目清元延壽太夫《きよもとえんじゆだゆう》の次男で、大正から昭和前半に活躍した名優六代目尾上菊五郎のひ孫にあたります（母方の祖父は大映画スター、鶴田浩二）。昨年の自主公演は大評判で、今後が期待されている若手のひとりです。歌昇・種之助の兄弟は中村又五郎《またごろう》の子です。

こういう自主公演はエネルギーがあるので、本興行とは別の楽しさがあります。

そういうわけで、私は東京で暮らしていますが、地方での公演にも、けっこう足を運びますし、自主公演にも行くので、そんなことをしていると、年間、歌舞伎だけで五十公演は行くことになります。

歌舞伎会に入ったときは、「年に二十八回も歌舞伎に行く人なんているの？」と半信半疑でしたが、とんでもない話でした。しかし上には上がいて、私の場合、同じ公演へ二度も三度も行くことはめったにないのですが、贔屓の役者が出るときは、初日に行って、一週間後に行って、二週間後に行って…と三回も四回も行く人もいます。

そこまでするほど、面白いのか――これは人それぞれ。そういう人もいるってことを知っておいてください。

二十五日間のいつ行くのがいいのか

歌舞伎興行は原則として二十五日間。そのなかで、いつ行くのがいいのでしょうか。

「初日」は華やかで、おめでたい雰囲気があります。ですが歌舞伎の場合、みっちりとした舞台稽古を重ねたうえで初日を迎えるわけではありません。全員が揃っての稽古は前日だけなんてことはざらです。となると、初日が「総稽古」みたいな感じになります。高齢の役者だと台詞《せりふ》がまだ頭に入ってなく、つっかえるなんてざらです。最初の三日間は台詞を覚えられなくても容認されるという風習があるそうです。大道具を替えるのにもまだ慣れてないのか手間どったり、けっこうミスがあります。

そういうわけで、「完璧な芝居」を見たいのであれば、初日から三日間は避けたほうがいいでしょう。とはいえ、襲名披露とか新作の初演の場合、誰よりも先に見たいという思いもあります。そういう月の初日は、早く売り切れます。

千穐楽は、若い役者が中心で新作を上演するときなどは、かなり盛り上がります。普段はやらないカーテンコールがあることも。ですから、ファンは千穐楽に行きたがります。ついでに言えば、歌舞伎は原則としてカーテンコールはありません。幕が引かれて、それでおしまい。あっさりとしたものです。芝居で熱狂したい人には物足りないかもしれませんが、感動的に死んだ人がニコニコと出てきたり、さっきまで殺し合っていた二人が仲良く手をつないでいたりするカーテンコールこそ興ざめだという考えもあるので、これはこれでいいと思います。

昼の部と夜の部を通しで見るかどうかは、時間と体力の問題。ご自分で判断してください。私は、初日から一週間目前後に昼か夜のどちらかに行き、二十日過ぎに、残っているほうへ行くことにしています。

チケットの買いやすさの観点で言うと、仕事のある人は平日には行きにくいので、土曜・日曜・祝日は、やはり混みます。逆に言えば、平日でも行ける人は、平日に行ったほうが土日しか行けない人にとってもいいわけです。なるべくそうしてあげてください。

人気のある役者が出る月は完売になるのも早いので、買い損なった場合は、金券ショップやネットオークションで少し高くなっても買うのも、最後の手段。

ところが、「チケ松」で空席情報をクリックすると、○△×で空席情報が示されますが、いったん×になった、つまり売り切れた日でも、当日あるいは前日に○になっていることがあります。これを「戻り券」といいます。役者の後援会に渡したものの売れ残ったものなどが、松竹に戻ってくるわけです。そういう席なので、かなりいい席だったりします。毎日チェックしていると、いろんなことが分かります。何回かこの戻り券で、最前列の席を当日の朝になって買ったこともあります。

歌舞伎に限らず、興行のチケットはまだまだ闇の部分があるのです。

第二章

歌舞伎公演にはいろいろある

『春興《しゆんきよう》 鏡《かがみ》 獅子《じし》』より

歌舞伎の種類

歌舞伎には二種類ある。海老蔵《えびぞう》の出る歌舞伎と、そうではない歌舞伎だ。

こういうレトリックは何にでも使えます。「映画には二種類ある。『スター・ウォーズ』とそれ以外だ」とか、「アニメには二種類ある。『ガンダム』とそうでないものだ」とか。食べ物だろうが、なんにでも応用できるレトリックです。「自動車にはメルセデス・ベンツとそうでないものとの二種類がある」なんて言うと、嫌われますが、こういうのはレトリックではあるけれど、一面の真実でもあるのです。

どんな業界にも、その業界・世界で圧倒的な存在感をもつ人物、あるいは企業、ブランドがあるものです。それは単に人気がある（売上高がトップ）だけではない、独特の何かなのです。

こういうのを英語では、「something else」と言いますが、海老蔵の持つ「何か」とはなんなのか。これは見ていただくしかなく、とても私の拙い文章力では伝えられませんが、トライしてみましょう。

海老蔵はテレビドラマや映画にも出ているので、ご覧になったことのある方もいるでしょう。私も海老蔵が出たものはたいがい見ていますが、残念ながら、映像での海老蔵は、題材のせいなのか監督の才能がないせいなのかは分かりませんが、歌舞伎の舞台での彼の魅力がほとんど出ていません。だから映画やテレビで見ただけで海老蔵を判断しないでください。ましてやスキャンダル報道だけで判断するのは、無意味です。

ともかく、歌舞伎の舞台での海老蔵はパワーというかエネルギーがすごい。歌舞伎座の舞台はとても広いのですが、海老蔵が出ると狭く感じるほどです。もっと狭い劇場に出るときは、はみ出す感じがします。

具体例をあげれば、『夏祭《なつまつり》浪花鑑《なにわかがみ》』という芝居で、主人公が義父と言い争っているうちに揉みあいになり、相手を殺してしまうシーンがあります。海老蔵以外の役者の場合、もし現代の事件で裁判になり、優秀な弁護士がついたら「正当防衛だった」とか「殺意はなかったので過失致死だ」とか言って、執行猶予がつきそうな感じなのですが、海老蔵の場合、どう見ても正気の状態ではなく、刑法第三十九条で言う「心神喪失者」で精神鑑定の結果、責任能力はないとみなされ不起訴になりそうな感じです。演技に、それくらい差があるのです。

見る人の歌舞伎観、演劇観によっては、海老蔵はかなり逸脱しているでしょう。まさに型破りなので、批判する劇評家も多いわけです。

ちなみに、「型」というのも歌舞伎用語で、演技のパターンというか、細かい段取りでもあり、もっと大きく演出という意味まで含む言葉です。「型にはまった」というのは、ありきたり、ワンパターンと否定的にも使われますが、褒め言葉でもあるし、「型破り」も、画期的、革命的、斬新という褒め言葉にもなれば、「常識を知らない」「やり過ぎ」などと批判する文脈でも使われるわけです。どちらにしろ、「型」というのが歌舞伎では重視されます。

歌舞伎は様式的な要素が強いので、演目によっては、客観的に覚めた眼で、「型」を見る場合もあります。しかし、海老蔵の場合は、そんな様式重視でドラマ性が希薄な演目でも、そのかすかなドラマ的要素を増幅させてしまうのです。他の役者で見たときは退屈で眠くなった演目・役柄でも、海老蔵だと、とても面白かった経験が何度もあります。

市川海老蔵の助六。「助六由縁江戸桜《すけろくゆかりのえどざくら》」（2013年6月歌舞伎座）

そういうわけで、「海老蔵の出る歌舞伎」と「海老蔵の出ない歌舞伎」に分類できるというのは、私にとってはレトリックではなく本音なのです。「円熟の極み」あるいは「枯れた境地に達した」名優たちの歌舞伎を見ているときは、「けっこうな素晴らしいもの」を「鑑賞」している感じですが、海老蔵の歌舞伎は「見るもの」ですらなく、のめり込むものなのです。どっちが正しいとか上とか下ではなく、それくらいの違いがあり、そのどちらも歌舞伎だということです。

いまは「海老蔵の出る歌舞伎と、そうではない歌舞伎」と分類できますが、少し前までは、「勘三郎《かんざぶろう》の出る歌舞伎とそうでない歌舞伎」と言えたと思います。そういう時代が、ほんの短い期間でしたが、確実にあったのです。いまの歌舞伎ファンの多くは、「勘三郎の歌舞伎」を見て歌舞伎ファンになり、そして二〇一二年十二月の勘三郎の急死による「勘三郎ロス」を乗り越えて、歌舞伎座に通っています。なかには、辛くて歌舞伎ファンをやめてしまった人もいるでしょう。

その勘三郎の死後、歌舞伎においての圧倒的な存在感を持つ役者が、市川海老蔵なわけです。と書くと、多分、歌舞伎のプロの人たちからは、怒られます。「海老蔵なんて藝《げい》は未熟だ」「海老蔵は人気はあるが藝が追ついていない」などと言っておけば「歌舞伎が分かる人」という雰囲気があります。それはそうなのかもしれない。けれど、私は「歌舞伎の本」は書いていますが、「歌舞伎評論家」と名乗ったことはなく、松竹から招待券をもらって見に行っているわけでもないので、私の主観で言えば、いまの歌舞伎は、最初に書いたように「海老蔵の出る歌舞伎と、そうではない歌舞伎」とに分類できるのです。

これは客観的にデータでも裏付けられます。

この数年、海老蔵が歌舞伎座に出るのは十二か月のうち三か月か四か月です。私は、自分で発売日にチケットを買っているのでよく分かりますが、そういう月は、チケ松のサイトに入るのがまず大変ですし、初日を迎えるまでに完売しています。他の、海老蔵の出ない月は初日があいてからも、ずっと「空席あり」です。ファンは、知っているのです。「海老蔵の出る月は面白い」と。

この「ファンが面白い歌舞伎」と、「評論家が褒める歌舞伎」との間には、かなりの差があるようで、評論家が絶賛するベテランの人間国宝・藝術院会員たちが揃《そろ》ってもガラガラという月もあります。

価値観はひとそれぞれなので、どっちがいいか、どっちが正しいかと論じても結論は出ません。ただ、確実に言える、客観的事実は「海老蔵が出る月の歌舞伎座はチケットが取りにくい」ということ。

歌舞伎座はいきなり行っても、たいがい当日券はあると書きましたが、これはあくまで、「海老蔵の出ない月」の話です。海老蔵が出る月は、当日券もないかもしれません。

それくらい、市川海老蔵は歌舞伎ファンの間では人気があるのです。どんな事件を起こそうと、評論家から未熟だと叩《たた》かれようと、テレビのバラエティで笑いものにされようと、その歌舞伎での存在感は圧倒的なものなのです。

こればかりは、見てもらい、自分で感じてもらうしかありません。

「何かの機会に歌舞伎を一度見たけどつまらなかった」と思っている人がいたら、ぜひ一度、「歌舞伎座での海老蔵」を見てください。それでもダメだったら、多分、歌舞伎とは感性が合わないのでしょうから、無理をしなくてもいいと思います。

あるいはその逆に「歌舞伎座で海老蔵を見たけど、どこがいいのか分からなかった」

と思う人は、海老蔵以外の役者が出る月に行ってみてください。もしかしたら、あなたの求める歌舞伎がそこにあるかもしれません。

いま、「歌舞伎座での海老蔵」と書いたのは、前述のように海老蔵は年に三か月か四か月しか歌舞伎座には出ず、それ以外の月は他の劇場に出ていることが多く、それはそれで「海老蔵の歌舞伎」であることに違いはないけれど、やはりちょっと違うのです。

話を戻して、歌舞伎の本当の種類について

歌舞伎は徳川時代初期に始まり、いろいろな変遷を経て、現在にいたりました。

明治になるまでは、能・狂言を別にすれば、日本には歌舞伎以外に演劇はありませんでしたから、演劇イコール歌舞伎、芝居イコール歌舞伎でした。明治になってから西洋の演劇が翻訳されて上演されるようになり、新劇の歴史が始まり、さらには日本オリジナルの新しい演劇も生まれ、それが新派と呼ばれました。

そんな時代、歌舞伎は「旧劇」と呼ばれた時期もあったのですが、「歌舞伎」と名乗り直すことで、現在にいたったのです。

歌舞伎は作品が書かれた時期によって、「古典」「新歌舞伎」「新作」と分類できます。「古典」は徳川時代から幕末、明治中頃までに作られたもので、さらに細かく分類しようと思えばできますが、学問的になっていくので、詳しく知りたい人は別の本で学んでください。

この「古典」歌舞伎は、近松門左衛門《ちかまつもんざえもん》や河竹黙阿彌《かわたけもくあみ》など有名な作家が書いたものもありますが、彼らを含めて、みな劇場の専属の作家（座付き作者）が作ったものです。

それに対して明治になると、劇場から独立している作家が戯曲として書いた歌舞伎も誕生し、これを「新歌舞伎」といいます。坪内逍遥《つぼうちしょうよう》、真山青果《まやませいか》、岡本綺堂《おかもときどう》、長谷川伸《はせがわしん》などが有名です。

戦後も作家による新作の歌舞伎は書かれ、これらは「新作歌舞伎」と呼ばれました。「新歌舞伎」よりも後のものです。「新歌舞伎」はとっくに新しくはなくなっているのですが、「古典歌舞伎」よりは新しいし、いまさら他の呼び方にすると混乱するので、古くなり古典となった明治から昭和戦前に書かれた作品を「新歌舞伎」と呼び、戦後のは「新作歌舞伎」と呼んでいました。先代（三代目）猿之助《えんのすけ》は「スーパー歌舞伎」と自ら命名し、新作を上演していきました。これは「新歌舞伎」や「新作歌舞伎」が新劇と同じようなものになってしまい、徳川時代の歌舞伎の持っていた娯楽性や外連味《けれんみ》が失われていたことへのアンチテーゼとして作ったものでした。新しい歌舞伎なのですが「新歌舞伎」ではないとの思いから「スーパー歌舞伎」と命名したのでしょう。四代目猿之助は今度は「スーパー歌舞伎Ⅱ《セカンド》」と銘打っています。

「新作歌舞伎」の作家の代表としては大佛次郎《おさらぎじろう》、舟橋聖一《ふなはしせいいち》ら、歴史小説の大家たちがいます。

さらに最近でも、新作は作られています。勘三郎が存命中は、現代の劇作家、野田秀樹《のだひでき》や宮藤官九郎《くどうかんくろう》らが歌舞伎のために新作を書きました。最近ではコミックの『ONE PIECE』が猿之助によって歌舞伎になっています。絵本の『あらしのよるに』も獅童《しどう》と松也《まつや》の主演で歌舞伎になりましたし、海老蔵は日本昔話を歌舞伎にするシリーズを自主公演で続けているし、染五郎《そめごろう》は劇団☆新感線と組むなどして新作に意欲的です。染五郎はラスベガスへ行き、CGによる映像を駆使した新しい歌舞伎を上演しています。そういう新作は、単に「新作」と呼ばれ、平成になってからの新しい歌舞伎の総称はないようです。

歌舞伎座の公演では、昼の部だけで三作か四作を上演するのですが、「古典」が二つに「新歌舞伎」を一つ、など、書かれた時代が偏らないプログラム構成になっていることが多いのです。そのひとつして「新作」が含まれることもありますが、新作は単独で上演されることのほうが多いです。

さらに、書かれた時期による分類の他、内容によっても分類できます。「時代物」「世話物」「舞踊」「松羽目物《まつばめもの》」などで、歌舞伎座の公演は、昼の部・夜の部それぞれに、これらをまんべんなく置くのが基本です。つまり、書かれた時期と物語の内容をバラけさせているのです。バラエティに富んだほうがいいだろうとの考えなのでしょう。

「時代物」は、歴史的事件や人物を題材にしたもの、つまり「時代劇」です。源平合戦や戦国時代の物語などです。徳川時代から見ての「昔」なので、徳川時代そのものはストレートには「時代物」にはなりませんでしたが、明治になって書かれた「新歌舞伎」では徳川時代も歴史ですから、徳川時代の事件や人物が描かれている「時代物」もあります。

「世話物」は、徳川時代の庶民を描いたものです。現在からみれば、これも「時代劇」なのですが、当時としては同時代を描いたものです。この、「同時代の庶民を描く」歌舞伎は明治になっても書かれ、明治という新時代を舞台にした歌舞伎もいくつかあります。歌舞伎がその流れのまま現在にまで進んでいれば、平成の今を描いた歌舞伎もあったかもしれませんが、そういう「現代を描いた演劇」として新派や新劇が誕生したので、歌舞伎は、徳川時代（せいぜい明治初期）までを舞台にするということになってしまいました。

　したがって、その後も新歌舞伎でも新作歌舞伎でも、「徳川時代の庶民の日常」が描かれるものはあっても、「同時代の庶民」が描かれることはありません。

「舞踊」は「所作《しょさ》事《ごと》」とも言います。最初は仕事をしている人の所作を舞踊化したので、そう呼ばれるらしいです。ようするに、舞踊で、『京鹿子娘道成寺《きょうがのこむすめどうじょうじ》』『藤娘《ふじむすめ》』などが有名です。『連獅《れんじ》子《し》』『鏡獅子《かがみじし》』なども舞踊のひとつに分類されますが、これらはさらに「石橋物《しゃっきょうもの》」とも呼ばれます。

　このように、「書かれた時代」と「内容」によって、歌舞伎は何種類にも分類され、それらを組み合わせて、毎月の演目は構成されているのです。

したがって、「今月の歌舞伎座は『勧進帳《かんじんちょう》』をやっているので見に行こう」と思って行くと、『勧進帳』以外に何作も見ることになります。それらが面白ければ得したと思えるし、つまらなくて退屈だったら、『勧進帳』だけでいいのに時間の無駄だったと損したように思ってしまうわけです。

パクリの宝庫

歌舞伎は著作権という概念が生まれる以前から存在しますから、いまの感覚だと「パクリ」と批判されるような、先行作品を模倣しているものがたくさんあります。

歌舞伎の演目のなかでかなりの部分を占めるのが、人形浄瑠璃（文楽）として作られたものを原作とするものです。有名な『仮名手本忠臣蔵《かなでほんちゅうしんぐら》』ももとは人形浄瑠璃でした。他に能や狂言を歌舞伎にアレンジしたものもたくさんあります。

現在では小説やコミックを原作とするものもあり、これらはちゃんと原作料を払って歌舞伎化しているわけですが、昔は勝手にやっていました。

藤娘

人形浄瑠璃を歌舞伎に移したものは「丸本《まるほん》もの」とも呼ばれます。特徴は、義太夫節《ぎだゆうぶし》が入ることです。人形浄瑠璃は人形遣いが人形を動かしますが、セリフは発しません。では声優がどこかにいるのかというとそうでもなく、太夫《たゆう》と呼ばれる浄瑠璃語りの人が義太夫節で物語を展開していきます。セリフを言うだけでなく、人物の思っていること、内面も説明すれば、情景も説明するという、世界にも他に例のない語りの藝能です。

これを歌舞伎に移すわけですが、歌舞伎は人間が演じるのだから、セリフを言えます。そうなると太夫は必要ないはずですが、そんなことはなく、歌舞伎でも太夫がいて、役者に代わってセリフを言ったり、内面を説明したり、状況を解説するのです。

この義太夫節は、歌舞伎からさらにテレビドラマへも継承されています。NHKの朝ドラや大河ドラマには必ずナレーションがついています。三十年から四十年前に一世を風靡《ふうび》した山口百恵の「赤い」シリーズをはじめとする大映テレビドラマでも、大げさなナレーションが売り物のひとつとでした。これらは人形浄瑠璃から歌舞伎、そしてテレビドラマへと伝えられたものだと思います。

余談ですが、大映テレビドラマの、複雑で現実にはありえない人間関係も、ルーツは歌舞伎にあるように思います。ああいうのが、日本人は昔から好きなのです。

能や狂言を原作にしたものが「松羽目物」です。能舞台には大きく松が描かれた羽目板がありますが、それを真似して、舞台正面に松の画の羽目板を背景として置いて演じるものをいいます。能や狂言のオリジナルよりは具象性が増しています。

このように、歌舞伎のレパートリーは日本のいろいろな藝能ものがごった煮になっているわけです。

「大歌舞伎」があるなら、「中歌舞伎」「小歌舞伎」があるのか

歌舞伎公演の情報がコンパクトにまとめられているのが、チラシです。

まず、歌舞伎座のチラシでいちばん大きな文字で書かれているのが、「○月大《おお》歌舞伎」の文字。二〇一五年を例にあげれば、一月は「壽《ことぶき》初春《はつはる》大歌舞伎」、二月は「二月大歌舞伎」、以下、「三月大歌舞伎」「四月大歌舞伎」「團菊祭《だんきくさい》五月大歌舞伎」「六月大歌舞伎」「七月大歌舞伎」「八月納涼歌舞伎」「秀山祭九月大歌舞伎」「芸術祭十月大歌舞伎」「吉例《きちれい》顔見世大歌舞伎」「十二月大歌舞伎」となります。八月以外はみな「大歌舞

伎」でした。

「大歌舞伎」があるのなら、「中歌舞伎」とか「小歌舞伎」があるのでしょうか。現在は、アメリカの野球の、メジャーリーグ（大リーグ）とマイナーリーグのように、メジャー（大）歌舞伎に対して、マイナー（小）歌舞伎があるわけではありません。相撲も「大相撲」はありますが「小相撲」はありませんので、それと同じようなものです。「プロがやる歌舞伎だよ」という程度の意味と考えてください。

ただ、昔は現在の「大歌舞伎」にあたるものを「大芝居」と呼び、それとは格下のものを「小芝居」と呼んでいました。「大歌舞伎」と呼ぶのは、その名残とも言えます。

徳川時代、江戸では中村座、市村座、守田座（旧名・森田座）の三つの劇場（当時は芝居小屋といいました）でしか芝居上演は許可されていませんでした。これを江戸三座といいます。元禄《げんろく》時代までは四つでしたが、徳川幕府の大奥の大スキャンダルである江《え》島《じま》生島《いくしま》事件に関係して山村座が廃座となってからは三つだけだったのです。この三つの劇場で上演されていたのが大芝居。それ以外の芝居を「小芝居」とか「宮地《みやち》芝居」と呼びました。

ここで疑問が生じます。「江戸では三座でしか芝居の上演が許可されていなかった」と書いておきながら、「それ以外に小芝居があった」というのでは矛盾するではないか、と。ここが日本の面白いところで、三座に芝居上演を許可していたのは、江戸町奉行所でした。町奉行所の管轄下においては、三座だけしか上演できない。ところが、江戸の町では、寺や神社は寺社奉行の管轄で、その境内で上演される芝居については、町奉行所は管轄外でした。昔から日本のお役所はタテ割りだったのです。そういう場所での小規模な芝居を、小芝居とか宮地芝居と呼んだのです。

そして、大芝居である三座に出演する役者と小芝居の役者との間には、大きな壁がありました。大芝居に出ていたけど、人気がなくなったり、何かのトラブルで出られなくなった役者が、仕方なく、小芝居に出ると、二度と大芝居には復帰できないという暗黙のルールがあり、さらには小芝居の役者はどんなにうまくて人気があっても大芝居には出られなかったのです。

徳川時代の身分制度では、役者は士農工商には属さない、かなり低い身分でしたが、その役者の中はさらに階層が分かれていました。

このしきたりは、明治になっても続きました。町奉行所がなくなったので、三座独占体制は崩れ、芝居の世界もいまでいう規制緩和がなされたのですが、役者の中での階層は今も残り、大芝居出身者とその子孫と、その弟子だけが、日本俳優協会に入れ、「大歌舞伎」に出演できるのです。

昔で言う「小芝居」にあたるのが、「大衆演劇」です。これは「大衆の演劇」という一般名詞ではなく、特定の演劇を指す固有名詞です。同じような言葉に「商業演劇」というのもあります。歌舞伎だって民間企業の興行なので商業演劇ですが、ちょっと前までは、帝劇とか明治座、シアタークリエ（前身は芸術座）など、東宝や松竹などの興行会社がやる、歌舞伎と新派以外の演劇は商業演劇といいました。商業演劇ではないのが、新劇で、これはもともと演劇運動という藝術運動から始まった（いまも「運動」の要素が強い）からです。

話を戻すと、大衆演劇のスター、たとえば早《さ》乙女《おとめ》太《た》一《いち》は、どんなに人気があり演技力があっても、「小芝居」の大衆演劇出身ですから「大芝居」である「歌舞伎」には出演できません。「下町の玉三郎」と呼ばれた梅沢《うめざわ》富《と》美男《みお》が「歌舞伎の玉三郎」と共演することもありえないわけです。もっとも、最近は、大歌舞伎の市川猿之助が大衆演劇と共演しており、少しはその壁が低くなっているようではありますが。

「大歌舞伎」という言葉の裏には、そんな歴史があるわけです。

これを、歌舞伎役者の特権意識だと批判することもできますが、歌舞伎役者はそれだけのプライドを持っているし、そのプライドがあるから、歌舞伎は続いているとも言えるのです。戦後すぐの時代、後に「女王」と称される若き日の美空ひばりが歌舞伎座を借りてショーをしたことがありますが、これに歌舞伎役者たちは嫌悪感を抱き、「(美空ひばりが立った)舞台を、かんなで削り直してほしい」と言ったという逸話があるほどです。

花形って誰のこと

松竹の歌舞伎興行には、「大歌舞伎」の他に、「花形歌舞伎」があります。

歌舞伎座は基本的には「大歌舞伎」でそれ以外の劇場では「花形歌舞伎」が多いのです。

「花形歌舞伎」はその名の通り、「花形役者」が中心になるものです。一般的には「花形役者」というのは「人気役者」と同義語ですが、現在の歌舞伎興行では「若い役者」という意味になります。厳密に「花形は何歳まで」との決まりはありませんが、四十歳前後が上限でしょう。まだそれぞれの父が現役の名優として活躍している世代です。二〇一六年現在では、市川海老蔵、市川染五郎、尾上菊之助、尾上松緑《しょうろく》あたりが花形の上限世代です。

歌舞伎では青年の役でも、主役であれば六十歳、七十歳の名優が演じるので、若い役者にはなかなか役がまわってきません。でも、いつかは主役を演じなければならないし、藝を磨くには実際の舞台で演じるのが最良の方法です。そこで、若手中心の座組《ざぐみ》での公演として「花形歌舞伎」があるわけです。

若い役者には若いファンが多く、そういうファンは、自分が贔屓《ひいき》にしている役者が普段の歌舞伎座では大きな役をもらえないことに不満もあるので、花形歌舞伎で主役を演じるとなると、見に行きます。だから興行的にも成り立つのです。

花形歌舞伎と銘打ってはいませんが、毎年一月に浅草公会堂で上演される「新春浅草歌舞伎」が、現在の「花形歌舞伎」の代表です。二〇一六年は尾上松也、坂東巳之助《ばんどうみのすけ》、中村米吉《よねきち》、中村国生《くにお》、中村隼人《はやと》、坂東新悟《しんご》の六人が中心の公演でした。二〇一四年までの浅草で中心になっていたのが、市川猿之助、片岡愛之助、中村勘九郎、中村七之助たちでした。

若い役者ですから、当然、未熟です。歌舞伎通に言わせると「物足りない」「深みがない」「まだまだだ」となるのですが、若いので単純に見た目はきれいだし、熱気のある舞台なので、「深み」とか「渋み」と無縁な、演劇本来の楽しさを味わえます。

それに、いまの若い役者も数十年後にはベテランの名優になり人間国宝や藝術院会員になるわけですから、そんなとき、「この人を若い頃から見ているけどね」と言える楽しみもあるものです。いわば「先物買い」の楽しみが、花形歌舞伎にはあります。

幹部って何

花形の父親にあたるのが、幹部俳優たちで、彼らが中心となる座組の公演こそが、正真正銘の大歌舞伎です。

日本俳優協会の役員は二〇一六年六月現在、こうなっています。

会長　坂田藤十郎《とうじゅうろう》
理事長　尾上菊五郎
専務理事　中村吉右衛門《きちえもん》
財務理事　中村梅玉《ばいぎょく》
常任理事　片岡仁左衛門《にざえもん》
〃　坂東玉三郎
〃　松本幸四郎
理事　市川左團次《さだんじ》
〃　中村魁春《かいしゅん》
〃　中村鴈治郎《がんじろう》
〃　中村雀右衛門《じゃくえもん》
〃　中村時蔵《ときぞう》

〃　　中村又五郎《またごろう》
〃　　水谷八重子（新派）
監事　中村歌六《かろく》
〃　　市川團蔵《だんぞう》
顧問　市川猿翁《えんおう》
参与　市川段四郎
〃　　片岡我當《がとう》
〃　　澤村田之助《たのすけ》
〃　　坂東彦三郎

歌舞伎の世界は、この俳優協会でのポストと歌舞伎座の舞台でのポジションとがぴったり連動している非常に分かりやすい世界なのです。理事長から常任理事までの六人が「大幹部」と呼ばれます。いまの歌舞伎座には、この六人のうちの二人から四人が、交代で毎月、出ています。大幹部には、存命であれば市川團十郎も含まれたはずで、惜しいことです。

その次の理事が幹部で、大幹部の相手役を勤めます。監事の二人は演技力では、幹部、大幹部に勝るとも劣らないのですが、脇役が多い立場。顧問の市川猿翁は、脳梗塞で倒れてからは、めったに舞台には出ていません。参与の四人のうち、段四郎、田之助は長く舞台に出ていないし、我當も体調が優れないようです。彦三郎は脇役として、健在です。

幹部の次の世代が中村扇雀《せんじゃく》、中村福助《ふくすけ》、中村橋之助（二〇一六年十月に中村芝翫《しかん》を襲名）、中村錦之助《きんのすけ》といった五十代の役者たちで、本来なら、そのトップに中村勘三郎と坂東三津五郎《みつごろう》がいるはずでした。福助は歌右衛門を襲名すると発表された後に、病に倒れてしまいました。ちょっと不幸が続く世代です。

そして、その下に控えているのが、大幹部の息子の世代で、市川海老蔵、市川染五郎、尾上菊之助、尾上松緑、市川猿之助、片岡愛之助、中村勘九郎、中村七之助といった人気役者たちです。

「一世一代」

大歌舞伎で八十歳を過ぎた名優を見る楽しみのひとつには、不謹慎だと叱られるかもしれませんが、「この人のこの役も、これが最後だろうな」と思いながら見ることです。「楽しみ」と言うと語弊があり、感慨にふけるというか、そんな感じです。

これはクラシック音楽にもあって、老巨匠のコンサートを追いかけるのを趣味にしている人がけっこういるものです。こういう趣味になると、自分が行ったのがその演奏家の「最後のコンサート」になったとき（つまり、その演奏家が亡くなったとき）が最高の幸福感になり、あまり健全な趣味とはいえません。

歌舞伎役者は歳をとればとるほど味が出るといわれるので、亡くなる直前まで舞台に立っていた例が多いものです。

「一世一代」というと、「一世一代の大勝負」など、「人生最大の」という意味にも使われますが、もともとの歌舞伎用語では、「この役を演じるのはこれが最後」という意味で、「一世一代で『京鹿子娘道成寺』を勤める」などと称します。完全に引退するわけではないけど、体力的にもうこの役は無理なので、これを最後にします、という意味です。

ところが、「一世一代」と銘打った公演をした数か月後に「ご要望に答えてアンコール」なんて称して、その役をまたやっている役者もいます。潔く、もうやらないほうが人生の美学ではなかろうかと思うのですが、美の価値観は人それぞれです。

「初お目見得《めみえ》」

二〇一五年の歌舞伎座の公演で、最も早くチケットが売り切れたのは、十一月の夜の部でした。昨今は、夜の部はなかなか売り切れになりません。観客の高齢化が進み、夜の外出を避けるファンが多くなったからと、昼のほうが団体客をとりやすいという理由があるようです。

そんななか、十一月の夜の部は、どうして売り切れたのか。この月は、「十一代目市川團十郎五十年祭」と銘打たれ、昼・夜とも、この昭和戦後の名優にちなんだ演目が並びました。それだけでは、しかし、完売にはならなかったでしょう。夜の部には、この十一代目市川團十郎のひ孫にあたる堀越勸玄《かんげん》の「初お目見得」があったのです。海老蔵の、二歳八か月になる長男です。

堀越勸玄君は、父の海老蔵に手をつながれて花道を歩いて、舞台中央まで来て紹介されると、「堀越勸玄でござりまする」と挨拶をしました。それだけです。でも観客は拍手喝采。涙を流している人もいました。この瞬間を見たくて、みなチケットを買ったのです。その結果、二〇一五年の歌舞伎座では、名優たちが共演して名作を熱演し評論家が絶賛した月よりも、多くの観客を集めたのでした。

ファンではない人にとっては、幼い子が挨拶するだけのことに何の価値があるのかと思うかもしれませんが、これもまた歌舞伎の魅力のひとつです。

二〇一六年五月の歌舞伎座では、尾上菊之助の二歳の長男・寺嶋和史《かずふみ》の「初お目見得」がありました。菊之助の妻は吉右衛門の四女なので、この和史君は菊五郎と吉右衛門という二人の大幹部を祖父に持ちます。

役者の子の「初お目見得」あるいは「初舞台」は、家の格によって異なります。チラシやポスターに明記されるだけで何のセレモニーもない子もいれば、芝居の途中に、その子が父親あるいは祖父に連れられて舞台に出てくるだけ、というのもあれば、その場で芝居をいったん中断して、挨拶だけする、というのもあります。

堀越勸玄君と寺嶋和史君の場合は、彼らの初お目見得のために特別に一演目が用意され、幹部が勢揃いする中での挨拶でした。これは明治以降の歌舞伎界が市川團十郎家と尾上菊五郎家を中心にして動いてきたからこその特別扱いなのです。

「初舞台」

ある役者のファンになると、その人が名優となり亡くなる頃には、その息子が成長し、さらにその子も舞台に立つことがよくあります。それを見届けていくのが、楽しみとなります。ここまでくると、演劇を見ているのではなく、ある一族の歴史を見守っていく感じになります。

現在、父子三代が舞台に立っている幹部役者には、松本幸四郎・市川染五郎・松本金太郎、片岡仁左衛門・孝太《たかた》郎《ろう》・千之《せんの》助《すけ》、市川猿翁・中車《ちゅうしゃ》・團子《だんこ》、坂田藤十郎・中村鴈治《がんじ》郎《ろう》・壱太《いちた》郎《ろう》、同じく藤十郎・中村扇雀・虎之《とらの》介《すけ》、市川左團次・男女《おめ》蔵《ぞう》・男《お》寅《とら》、中村東《とう》蔵《ぞう》・松江《まつえ》・玉太郎《たまたろう》らがいます。尾上菊五郎家も、菊之助の長男・寺嶋和史が初お目見得を果たしたので、この中に入れてもいいでしょう。十二代目團十郎が早くに亡くならなければ、市川團十郎家も團十郎・海老蔵・堀越勸玄と三代揃い、中村勘三郎家も十八代目勘三郎が生きていれば、勘九郎・波野七緒八《なおや》・波野哲之《のりゆき》と揃ったはずです。

さて、お気づきの方もいますが、堀越勸玄や寺嶋和史といった名前は、彼らの本名です。それに対して、松本金太郎や市川團子は藝名です。

勸玄君や和史君は歌舞伎座で「初お目見得」はしていますが、舞台に出て挨拶しただけで、まだ何かの役を「演じた」わけではありません。だからまだ俳優・役者とは言えません。「海老蔵の息子」「菊之助の息子」でしかないのです。それに対して、染五郎の子の松本金太郎は、すでにいくつもの役を演じています。子役とはいえ、立派な俳優なので、ちゃんと藝名もあるのです。

藝名をもらい、初めてちゃんとした役を演じることを「初舞台」といいます。

来年（二〇一七年）二月には歌舞伎座で、勘九郎の子の波野七緒八・哲之兄弟が、それぞれ三代目中村勘太郎、二代目中村長三郎《ちょうざぶろう》を名乗り、初舞台を踏むことが発表されています。数年のうちには、堀越勸玄、寺嶋和史も、多分、市川新之助《しんのすけ》、尾上丑之助《うしのすけ》と名乗って初舞台を踏むでしょう。

「襲名披露興行」

興行の世界では「歌舞伎（松竹）は襲名で儲け、宝塚は退団で儲ける」と言われています。

宝塚というのも不思議なシステムの劇団ですが、人気スターは必ず退団し、「卒業」とも呼ばれます。宝塚歌劇団に入るには宝塚音楽学校に入学し卒業しなければならないのですが、歌劇団に入っても、彼女たちは「生徒」と呼ばれているので、退団するときもまた卒業なのでしょう。

一方の歌舞伎は、「退団」、つまり引退はほとんどありません。みな死ぬまで現役の役者でいます。何かの事情で歌舞伎役者をやめることは「廃業」といいます。

退団公演がない代わりに、歌舞伎には襲名披露興行があるわけです。

二〇一六年は、三月から五代目中村雀右衛門（前名・芝雀《しばじゃく》）の襲名披露興行が始まりました。十月からは中村橋之助の八代目中村芝翫の襲名披露興行が始まります。雀右衛門の父、四代目雀右衛門は二〇一二年に、橋之助の父、七代目芝翫は二〇一一年に亡くなっており、いずれも、その父の名を襲名するのです。

市川團十郎、尾上菊五郎などの大名跡《だいみようせき》の役者は、幼少期の名、青年期の名、壮年期以降の名と、三つの名前を持ちます。最初の名前は初舞台時にもらうもので、この時点ですでに襲名ではあります。これは親がすべてお膳立てをします。当人の意思も何もない。

その後、二十歳代で、青年期の名前を襲名します。海老蔵は二〇〇四年五月に市川新之助から十一代目海老蔵を襲名しました。彼は一九七七年十二月生まれなので、襲名した時点では、二十六歳でした。同年生まれの菊之助はもっと早く、一九九六年五月に尾上丑之助から五代目菊之助を襲名しました。

この青年期の襲名は、親が存命しているケースが多く、当人よりも親のほうが大変だという話をよく聞きます。偶然ではあるのですが、十二代目市川團十郎も十八代目中村勘三郎も、息子（海老蔵、勘九郎）の襲名披露興行の最中に病に倒れました。息子の襲名での心労が原因かどうかは分かりませんが、ストレスはかなりのものと思われます。

二〇一六年の雀右衛門と芝翫の襲名は、いずれも父の死後、その名を襲名するものです。この先、何もなければ彼らはこの名で役者としての人生を終えるはずで、そういう名のことを「留め名」（止め名）といいます。落語や相撲での「留め名」は、その人の業績があまりにも大きいので以後は誰もその名を継がせないという意味ですが、歌舞伎の場合、その家、その一門での最高の名という意味になります。市川團十郎家では「團十郎」、尾上菊五郎家では「菊五郎」です。

名優が留め名で何十年も活躍し、七十歳、八十歳になると、息子も四十歳、五十歳になってしまいます。そうなると、留め名を息子に譲り、隠居名を名乗ることもあります。松本白鸚《はくおう》、市川猿翁がそういった名ですが、公には「隠居名」とはいわないようです。

松本白鸚は八代目松本幸四郎の隠居名です。一九八一年十一月に、息子の六代目市川染五郎に幸四郎を譲り（「生前譲渡」といわれました）、孫の三代目松本金太郎を七代目染五郎にし、父子三代同時襲名というので話題になりましたが、翌年一月に亡くなったので、白鸚としての実績はほとんどありません。

市川猿之助家も、二〇一二年に三代四人の同時襲名をしました。三代目猿之助が二代目猿翁に、その甥の二代目亀治郎が四代目猿之助を襲名し、猿翁の息子で歌舞伎役者ではなかった香川照之が九代目市川中車になり、その息子が五代目市川團子を襲名したのです。猿翁は猿之助時代の二〇〇三年に脳梗塞で倒れ、舞台にはほとんど出ていませんでしたが、この襲名披露興行には出演しました。

襲名披露興行を歌舞伎座で何か月打てるかが役者の人気度を示します。これまで三か月にわたる歌舞伎座での襲名披露興行は、十二代目團十郎と十八代目勘三郎しかありませんでした。新しい歌舞伎座の開場直前にこの二人は相次いで亡くなったわけですが、これが歌舞伎界にとってどれほどの打撃だったかはこれだけでも分かります。

二〇一六年の中村雀右衛門は一か月、中村芝翫は二か月です。名跡の格としては雀右衛門のほうが上なのですが（と、断言してしまうと、「役者に上下はない」と怒る人もいるのですが、事実なのだから、書いてしまいます）、人気の点では新しい芝翫（橋之助）のほうが上で、チケットが売れると松竹が判断したのでしょう。

雀右衛門を弁護すれば、彼は女形《おんながた》なのでテレビドラマに出る機会はなく、そのため一般的知名度は低いのです。一方の芝翫＝橋之助は大河ドラマ『毛利元就《もうりもとなり》』で主演し、他にも『御宿《おんやど》かわせみ』など、テレビドラマに出ているし、妻が三田寛子《みたひろこ》なので、一般的知名度が高く、さらに人気役者だった中村勘三郎の義弟（橋之助の姉が勘三郎の妻）で共演機会が多かったことなどから、人気があるわけです。二人は女形と立役《たちやく》と異なるので藝の優劣は付けられません。

留め名ではないのに、歌舞伎座で二か月の襲名披露興行をしたのは、市川海老蔵しかいません。「市川團十郎家」（「市川宗家《そうけ》」ともいいます）がいかに重要視されているかが、このことからも分かりますが、商業主義に徹している松竹が、家の格、名跡の格だけで襲名披露興行を何か月やるかを決めるわけがなく、観客動員が見込めるかどうかで決めているので、海老蔵が二〇〇四年の時点ですでに抜群の集客力を持っていたことが分かります。

「追善興行」

歌舞伎以外のジャンルではめったにないのが、追善興行です。

これは名優が亡くなった後、一周忌とか三回忌、さらには没後十年とか十七回忌とか、節目の年に打たれる興行です。最近では、二〇一五年十一月が「十一代目市川團十郎五十年祭」でした。團十郎家は神道なので、「五十年祭」なのです。

毎年五月の歌舞伎座は「團菊祭《だんきくさい》」と銘打たれています。これは九代目團十郎と五代目菊五郎の追善興行と言っていいでしょう。明治の二大名優です。その子孫がいまの海老蔵と菊五郎・菊之助なのですが、明治の團十郎と菊五郎は門弟もたくさんいて、名優を育てたので、その弟子のまた子孫たちも、参加します。そして、二人の名優が得意としていた演目を中心にした興行となるのです。最近は、團十郎家・菊五郎家とは縁の薄い俳優も出ていて、ちょっと本来の趣旨から外れているようにも思います。

海老蔵と菊之助の襲名がいずれも五月だったのは、この團菊祭で、市川團十郎家、尾上菊五郎家の襲名披露興行をすることが多いからです。二〇一六年の寺嶋和史君の初お目見得も五月でした。

九月は、秀山祭《しゅうざんさい》と銘打たれます。「秀山」は初代中村吉右衛門の俳号で、二〇〇六年が吉右衛門生誕百二十年だったので、九月にそれを記念して催されたのが最初で、以後、毎年九月は秀山祭と定着しました。二代目吉右衛門が主宰し（興行としては松竹の主催です）、初代吉右衛門にゆかりのある演目が上演されています。

初代吉右衛門は、大正から昭和二十年代まで活躍した名優で、二代目吉右衛門はその孫で養子というややこしい関係にあります。初代吉右衛門には男の子が生まれず、ひとり娘が八代目幸四郎（白鸚）と結婚し、二人の男子が生まれ、長男が九代目幸四郎となり、次男は実の祖父である初代吉右衛門の養子となって、吉右衛門家を継いだのです。

初代吉右衛門と同世代の名優が六代目尾上菊五郎で、「菊吉時代」という時代がありました。そして戦後の歌舞伎界は菊五郎劇団と吉右衛門劇団とに別れて、交互に歌舞伎座に出ていた時期が続きました。いまはこの劇団制はなくなり、吉右衛門劇団はありませんが、菊五郎劇団はまだそう名乗っています。

五月の「團菊祭」は、あくまで九代目團十郎と五代目菊五郎を追善する興行ですから、そうすると、初代吉右衛門のための秀山祭があるのに、六代目菊五郎のためのものがないのはバランスが悪いのですが、なぜかそれを指摘する声のないまま、十年が過ぎています。

一方、昭和戦前から平成初期にかけての歌舞伎界に君臨していたのは、六代目中村歌右衛門でした。その存命中の権勢を考えれば、歌右衛門のための追善興行の月があっても不思議ではないのに、そんなものはありません。

追善興行は、対象となる役者が名優であることが大前提ですが、それだけでは催される機会は少ないのです。主宰する立場になる、その役者の息子や孫が人気があり集客力があるかどうかを松竹は重視します。

追善興行が頻繁に行なわれる役者に、七代目松本幸四郎がいます。九代目團十郎の弟子のひとりで、『勧進帳』の弁慶を当たり役とした大正から昭和前期にかけての名優のひとりです。

七代目松本幸四郎の場合、現役の役者では、松本幸四郎、中村吉右衛門、大谷友《とも》右衛《え》門《もん》、中村雀右衛門が孫になり、市川海老蔵、市川染五郎、尾上松緑がひ孫となります。追善興行となれば、彼らが中心になるので、客が呼べます。そこで、追善興行がよく行なわれるわけです。十七代目中村勘三郎も、当人も名優でしたが、息子の十八代目が圧倒的な集客力があったので、追善興行が多い役者になりました。

では中村歌右衛門はどうかというと、息子（養子）は中村梅玉と中村魁春《かいしゅん》で、残念ながら集客力はありません。歌右衛門は二〇〇一年三月に亡くなったので、二〇一一年三月に、当時は歌舞伎座が工事中だったので、新橋演舞場で「歌右衛門十年祭追善」がなされたのですが、興行全体にそう銘打たれた「追善興行」ではなく、昼の部と夜の部の一演目ずつに「六世中村歌右衛門十年祭追善狂言」と銘打たれただけでした。

松竹も、けっこう露骨に差別をするものです。

こうやって始まった二〇一一年三月の歌右衛門十年祭でしたが、十一日に東日本大震災が起き、公演は中止にこそなりませんでしたが、客足は落ちてしまいました。栄華を極めていた歌右衛門でしたが、没後は……。

「顔見世」っていうけれど

歌舞伎座では十一月は「吉例顔見世興行」と銘打たれます。同じように、京都の南座の暮れのも「吉例顔見世興行」です。南座のはイメージとしては十二月の興行なのですが、チラシをよく見ると、初日は十一月三十日なのです。そして千穐楽《せんしゅうらく》は十二月二十六日ですから、歌舞伎座の通常の興行が二十五日間なのに、南座だけは二十七日間となります。

十一月三十日初日なのは、徳川時代、芝居興行では、毎年十一月が顔見世の月と決まっていたからです。実質的には南座の顔見世は十二月なのですが、最初の一日だけを十一月三十日にすることで、ギリギリ、「顔見世は十一月」という伝統を死守しています。

さて、「顔見世」とは何か。徳川時代、役者と劇場（芝居小屋）とは、一年契約でした。そして毎年十一月に、今後一年間にその劇場に出る役者を披露するのが、「顔見世」だったのです。「これからの一年は、この座組《ざぐみ》で興行しますんで、よろしく」というわけです。

江戸には、中村座、市村座、守田座の三つがあり、だいたいどの役者はどこ、と決まってはいるのですが、役者間で喧嘩《けんか》して、「あいつとは出たくない」となったり、最近、当たる芝居が少なくて興行成績が悪いので、多少、高いギャラでも人気役者を引き抜きたいと考える座元があったりと、いろんな事情で、毎年、座組は変わるわけです。

こうして夏になって、役者が夏休みを取るあたりから、各劇場と役者との交渉が始まり、十一月に顔見世興行をして、一月から本格的な公演が始まります。

現在は、歌舞伎の興行主は松竹しかないし、歌舞伎座でしか一年を通して歌舞伎公演をしている劇場はないのですが、伝統というか慣習で、十一月は顔見世と銘打たれます。そう銘打つからには、普段の月は大幹部が二人か三人出るだけですが、顔見世では四人か五人が揃います。二〇一五年十一月の歌舞伎座は、坂田藤十郎、尾上菊五郎、松本幸四郎、片岡仁左衛門、中村梅玉の五人が揃いました。大幹部が揃うと、たしかに豪華です。

そして十一月の三十日から京都の南座に大幹部が揃うのです。

このように昔は歌舞伎の世界では、十一月の顔見世が「年度」の始まりだったのですが、いまは、そんなイメージはなく、やはり一月が「新年」の始まりです。

一月は、年間を通じて最も歌舞伎興行が多い月です。東京と大阪で合わせて五つの劇場で公演があるのです。そのうち、国立劇場以外は昼の部と夜の部とが別なので、九公演。すべて行くとなると、三日に一度はどこかの劇場へ行くことになり大変です。

歌舞伎座の一月は、戦後ずっと吉右衛門劇団が出ていたので、いまもその名残で、幸四郎、吉右衛門の二人が中心の座組です。これに坂東玉三郎が加わることが多いです。

吉右衛門劇団系の役者には十七代目中村勘三郎、中村歌右衛門もいましたので、その子孫である勘九郎と七之助、梅玉と魁春らも、たいがい、一月は歌舞伎座です。

もうひとつの菊五郎劇団は、国立劇場に出ます。大阪松竹座は関西出身の藤十郎、雁《がん》治《じ》郎《ろう》、仁左衛門らが出ることが多いのですが、毎年、流動的です。

そして若手では、二十代の役者たちが浅草公会堂の新春歌舞伎に出ます。二〇一六年は、尾上松也がリーダーとなり、中村隼人（錦之助の長男）、坂東巳之助（三津五郎の長男）、中村国生（橋之助の長男）、中村米吉（歌六の長男）、坂東新悟（彌《や》十《じゅう》郎《ろう》の長男）が出ていました。

最後に残るのが市川海老蔵で、新橋演舞場に出るのが恒例となっています。同世代の染五郎、菊之助らは父と一緒の劇場に出ていますので、この世代では海老蔵だけが新春公演の座頭《ざがしら》を担っているのです。

二月以降は年によって、さまざまです。決まっているのは、五月の歌舞伎座が團菊祭で、菊五郎とその一門、そして海老蔵は必ず出るということと、九月が秀山祭で吉右衛門が中心となること、そして七月はとくに何とか祭はないのですが、海老蔵と猿之助が中心となるのがここ数年の傾向です。その他、八月は三部制で勘九郎・七之助兄弟を中心とした若手の座組で「納涼歌舞伎」と銘打たれます。そして、十一月が顔見世と、これを繰り返します。そして他の劇場での公演が歌舞伎座と並行してあるわけです。

だから、どの月から歌舞伎を見始めたらいいか、というのは、考えても答えなんて出ません。しいて言えば、一公演あたりのチケット代からして、八月の納涼歌舞伎は試しに行ってみるのにはいいでしょう。しかし、勘三郎が存命中でしたら、絶対のお勧めでしたが、いまはそうとも言い切れません。二〇一六年がどんな座組でどんな演目なのか、まだ分からないので、何とも言えません。

親しい人には、まずは海老蔵か玉三郎を見たらと勧めています。

第三章

歌舞伎を見に行って分かること

『青砥稿花紅彩画《あおとぞうしはなのにしきえ》』より

他の演劇と違うけど、難解ではない

「歌舞伎は難しい」というイメージがありますが、これは戦後、歌舞伎が生き残っていくために「高尚化」による差別化を目論《もくろ》んだためです。

この高尚化というのは、実は明治から始まっています。徳川時代は歌舞伎は庶民である町人のものでした。支配階級である武士の娯楽は能や狂言だったのです。

明治維新によって、歌舞伎は庶民のものでありながらも、「日本を代表する演劇」としてのポジションを得て、さらに新しいより大衆的な演劇が勃興し、映画も生まれたため、高尚化されていきました。

しかし、もともとは、江戸や京、大阪の町人が見て楽しんでいたものです。ですから、そう難しい内容ではないのです。

ただ、テレビドラマや映画はもちろん、他の演劇とは「違う点」がいくつもあるのも事実です。その「違う点」が歌舞伎を歌舞伎たらしめているわけですが、それはあくまで「違い」であって、難解であるのとは異なるのです。難しいというか理解し難いのは、能や狂言のほうです。それと前衛演劇、これは難しい。
では、歌舞伎が他の演劇と異なるのは、どんな点か。

＊女の役も男が演じる。
＊例外はあるけど、明治以前の日本が舞台である。
＊舞台から客席へ伸びている花道がある。
＊半分くらいの演目では、舞台の端に義太夫節《ぎだゆうぶし》の太夫と三味線弾きがいて、ナレーションをする。
＊全身黒づくめの人が出てきて、小道具を片付けたり、大道具を動かしたりする。

ぱっと思いつくのは、こんな点です。
それ以外は、普通の演劇とは変わりません。むしろ、ミュージカルのほうが、

＊普通に話していたかと思うと、突然、歌い出す。
＊舞台にいる人全員が、ある瞬間から、揃《そろ》って踊り出す。

というように、かなり日常とは異なるものです。
さらにミュージカルに限りませんが、ストレート・プレイの多くが外国からの翻訳も

のですから、

＊日本人なのにトミーとかマリアなどの外国人になりすまして、それなのに日本語で会話をしている。

という、よく考えると、摩訶不思議《まかふしぎ》な世界が展開されていますし、宝塚なんて、ミュージカルの歌と踊りに、登場人物は日本人以外だし、なおかつ歌舞伎とは逆で、

＊男性の役も女性が演じる。

のですから、特徴だけをあげていったら、かなり「変なもの」です。

歌舞伎の場合、時代は違うけど、日本を舞台にしていて日本人の役を日本人が演じているのだから、むしろ、話は単純です。「えーと、この人はどう見ても日本人だけど、この芝居では、ロシア人なんだな」と自分に言い聞かせながらチェーホフを見るよりも、ハードルは低いかもしれません。

ミュージカルのように、突然、歌うこともありません。もともとのセリフが七五調という、現代日本語のイントネーションやアクセントとは違う、歌うようなものもありますが、ミュージカルのように本格的な歌ではありません。

しかしミュージカルも宝塚もチェーホフもシェイクスピアも、「変わっている」と思われても、「難解」とのイメージはありません。

歌舞伎も、他のどの演劇とも同じように「変わっている」、そしてどの演劇とも同じように、「難解ではない」のです。

いまあげた、歌舞伎の変わっている点も、最初の数分こそ、「なに、これ」と違和感があるかもしれませんが、すぐに慣れてしまいます。

セリフは、たしかに現代日本語ではないけれど、時代劇、大河ドラマと同じようなものです。義太夫節は聞き取りにくいのですが、音楽と思って聞き流しても、大丈夫です。舞踊での長唄《ながうた》や清元《きよもと》なども同じ。

歌舞伎の音楽や唄もまた、いろいろあって、調べだすと大変だけど、面白い世界です。でも、一度に全てを知ろうなんて思わないほうがいいでしょう。

「花道」はなんのためにある

歌舞伎を見に行って、まだ幕が開く前から分かる他の演劇との「違い」は、「花道」

があることです。舞台から客席を貫いている廊下のようなものです。劇場の中央にあるのではなく、歌舞伎座の場合、客席の左端から六席目と七席目の間に、この花道があります。

花道は、少なくとも西洋演劇にはありません。西洋演劇は「額縁舞台」と「第四の壁」という考えで作られています。

演劇というものは、舞台を客席から見ると、巨大な額縁のなかに絵があって、そこで人物が動いているわけです。できた順序は逆ですが、映画館のスクリーンはまさに「額縁の中」の絵が動くわけです。演劇も同じで、観客の視線は、座席から舞台へと正面に向かっています。横を見たり、うしろを見たりすることはありません。

「第四の壁」が分かりやすいのは室内のシーンです。どこかのリビングルームでの出来事だとすると、舞台上には正面の奥と左右それぞれに壁があるわけです。舞台と客席の間にも壁があるはずですが、そこに壁を作ると、何も見えなくなるので、「何もないけど、本当はここに壁があるんだよ」ということになっています。その見えない壁が「第四の壁」です。屋外のシーンであっても、舞台と客席の間には、見えない壁があり、俳優が舞台から下りてきたり、客席から登場したりすることは、基本的にはありません。舞台と客席の間には越えてはならない壁があるのが、普通の演劇の大前提です。

ところが、歌舞伎はこの「第四の壁」という概念がないのです。その象徴が花道です。歌舞伎ではたいがいの登場人物は、花道を歩いて舞台へと向かい、花道を通って退場します。観客は、舞台をまっすぐ見るだけでなく、役者が花道から登場するときは、うしろを見て、横を見て、と視線というか顔を——席によっては上半身全体を——動かして見るのです。さらに宙乗りのときは上を見ることになります。

花道を作ったのは、「第四の壁」という概念を打ち破るためであるなどという小難しい演劇理論があったからではなく、能舞台の「橋懸《はしがかり》」がアレンジされたのではないかと思われますが、橋懸りも舞台からはみ出てはいますが、客席を貫いてはいません。客席を貫く花道ができたのは、観客に役者をより近くで見てもらおうという、サービス精神からだと思います。享保年間（一七一六〜三六）には花道が定着していたとされています。

実際、花道の近くの席で見ていて、役者が目の前で台詞《せりふ》を言ったり、何かするのを見ると、単純に、それだけで興奮し、感動してしまうものなのです。客のすぐそばに行くというのは、何よりもファンサービスなわけです。

戦後、演劇の世界ではアングラとか小劇場の人たちが、これまでの概念を打ち破る新しい演劇を作ろうと考えたとき、最初に破壊されたのが「第四の壁」でした。客席からいきなり役者が登場して驚かせたり、舞台の役者と客席にいる役者が会話を始めたりするなど、劇場全体を舞台と考える手法が斬新だとされましたが、歌舞伎はとっくの昔から、そんなことをしていたのです。

花道は、最初は「舞台への通路」で、ただ歩いてくるだけだったようですが、そのうち、この花道でも演技をしようとなっていき、歌舞伎ならではの演劇様式が確立されていきます。これもポストモダン風に言えば、舞台という虚構空間と客席という現実空間という、本来は異なる世界を、花道は攪乱《かくらん》し混沌《こんとん》とさせ、歌舞伎を世界に例のない演劇として確立した、となるわけです。

『助六』という芝居では、主人公の助六は花道を通って登場し、舞台の手前で、自己紹介をして、二十分くらい、語り、踊ります。

その逆に『勧進帳《かんじんちょう》』では全てのドラマが終わった後、弁慶が花道を通って退場するの

花道　『勧進帳』のラスト、弁慶が花道を引っ込む。「飛び六方」という独特の所作。これはできれば、一階席で見たい。

ですが、このとき、「飛び六方」という誇張した大きな動作で退場し、これが見どころとなっています。

芝居の全体のなかでは、舞台で演じられる時間のほうが圧倒的に多いわけですが、「見どころ」は花道で演じられることが多いのです。

ですから、「いい席」というのは、花道が見やすい席ということになります。立体幾何学に強い人なら分かりますが、歌舞伎座でも、二階、三階席になると、花道は見えにくくなります。とくに三階の「西」はほとんど見えません。チケットを買うときには注意してください。一方、「東」なら距離は遠くなりますが、よく見えます。花道での見どころがたくさんある演目を見に行くときは、三階の東もいいかもしれません。

三階席でいちばん花道が見やすいのはどこか――私がいつも買うのはその席なので、競争相手が増えるといやだから、ここには書きません。

歌舞伎座全体で花道がいちばん見やすいのは、一階の西の桟敷です。距離も近いし、視線の高さが、ちょうどいいのです。ただ、役者が立ち止まって何かする場合は、客席中央のほうを向くので、背中しか見えなくなるときがあります。花道全体を見るのであれば、角度としては東の桟敷のほうが見やすいのですが、こちらは距離があります。どちらをとるかです。

花道が最も見やすい劇場は、都内では国立劇場です。三階からでもよく見えます。

「黒衣」という存在

歌舞伎独自のものである「黒衣《くろご》」（「黒子」とも）の存在も、前衛系の演劇の人たちが面白がって採用し、欧米の演出家にも影響を与えています。

黒衣は全身黒づくめで登場し、舞台上で役者に小道具を渡したり、衣装の着替えを手伝ったり、こまごまとしたことをします。演目によっては仕事が多く大活躍します。それでも顔は見えません。

黒衣は役者のお弟子さんが担当します。雪のシーンでは黒だと目立つので、白づくめで出てくるし、海や川などのシーンではブルーになるなど、カメレオンのようです。

黒衣は「舞台上にいるけど、いない」という存在です。たしかに考えてみると、面白い存在です。「そこに存在するが存在しない」「存在しないものを可視化するが、黒づくめであることで無へと転化する」などと哲学的に言うこともできます。徳川時代の日本の芝居関係者にそういう哲学的洞察があったとは思えず、単に舞台進行をスムーズにするために考えだされたのですが、一九七〇年代、八〇年代に流行したポストモダン思想に毒された人は、やたらに難しく語ったのです。そういうのは冗談と思って聞き流せばそれはそれで楽しめます。

黒衣と同じような仕事をするけれど、舞踊の場合は、黒尽くめではなく、顔も出して、紋付き袴《はかま》で出て来ます。こういうときは「後見《こうけん》」と呼び、「筋書」（プログラム）にも名前が出ますが、黒衣は誰がやっているのか、客席からは分かりません。

「黒衣」はこのように舞台に出ているけど、いないことになっている存在なので、そこから転じて、「表には名を出さない者」「裏方」という意味でも「黒衣」という言葉は使われます。たとえば、本の編集者はよく黒衣にたとえられます。

あるいは芸能人が災害時にボランティアとして炊き出しをする時なども、普段は主役の人たちが「今日は黒衣に徹しますから」などと言うこともあります。

徳川時代の鎖国のおかげで西洋演劇が入ってこなかったため、歌舞伎はその影響を受けずに独自の発展をしました。その結果、日本に来て、「花道」「黒衣」などを知った欧米の演劇人は「考えもつかなかった」「斬新だ」と絶賛したわけです。

「花道」そのものを作ることはなくても、最近のオペラでは、客席の通路を舞台の延長として、そこから登場、退場する演出がけっこうあります。日本のオペラ評論家はそれを見て「斬新である。第四の壁を打ち破る画期的演出だ」と絶賛していましたが、歌舞伎を知ったうえで言っていたのか知らないで言っていたのか。

黒衣　実際にこんな扮装の人がいたら目立つのだけど歌舞伎の舞台では、不思議と「見えるけど、見えない」。

隈取《くまどり》、白塗り、赤っ面《つら》の「上辺」の「奥深さ」

ひと目で分かる歌舞伎の特徴のひとつが役者のメイクです。

内面描写とか心理描写というのは近代になっての演劇の特徴ですから、歌舞伎にはもともとそんなものはありません。人形浄瑠璃という人形劇を原作とするものも多く、人形には内面も心理も表現できません。ということは、外見、つまり見た目でその人がどんな人なのか——社会的身分や、性格など——を分からせなければなりません。劇中で「いい人」なのか「悪人」なのかも、ひと目で分かるようにします。観客との間に暗黙のルールができているのです。

髪型や衣装は、社会的身分をかなり細かく分類して、決めています。これは一回や二回見ただけでは分からず、ある程度見た上で、図版入りの本で勉強し、予習と復習を繰り返して知識として身に付けていく必要があります。

映画やテレビドラマを見るとき、主演している女優が着ているブランドによって、キャラクター付けがなされているのが、分かる人には分かる、というようなものです。

顔のメイクでは、まず白塗り。女形《おんながた》でヒロインとなる場合はお姫様であれ花魁《おいらん》であれ、白塗りです。男の役でも白塗りで出て来る人は、「いい人」で「女にもてる」という設定がほとんどです。もともと美男子の役者がやることが多いわけですが、白塗りにすることでより美しくなるわけです。

「美白」は二十世紀の終わりあたりから化粧品業界で使われだした言葉のようですが、歌舞伎ははるかにそれを先駆けていたわけです。

いまの「白粉《おしろい》」は安全ですが、昔の白粉は鉛を原料としていたため、いまでいう水銀中毒になる役者が多く、とくに女形は白粉を塗っている時間が多いため、若くして死んでしまう役者が多く、また子どもを作れない人も多かったのです。

美男子という設定の二枚目役者は白塗りですが、この「二枚目」も歌舞伎用語です。徳川時代中期から、劇場の前には、出演する役者の看板が並べられるようになり、それは一人一枚でした。一枚目の看板は主役で、二枚目がハンサムな優男で色男、三枚目は道化役…と決まっていたのです。このうちの二枚目と三枚目は、日常会話でも使われるようになっていきました。

同じ二枚目キャラでも、時代がいまに近づいて、リアルな演劇っぽくなると、白塗りではあまりに嘘っぽくなるので、肌色に近いものを塗ることになります。

さて、白塗りにすると、当然ですが、顔全体は能面のようになります。表情が分からない。そこで、目、眉、口などに、さまざまな色をつけていくことで、その人のキャラクターを作っていくのです。

白塗りプラス色彩の代表が「隈取」です。歌舞伎十八番のひとつ「暫《しばらく》」の主人公、鎌倉権五郎景政《ごんごろうかげまさ》のメイクが隈取の代表です。顔に赤や藍で線を描いていくものです。その線は顔の筋肉や血管を誇張したものです。

これを始めたのが、初代市川團十郎（一六六〇〜一七〇四）でした。元禄《げんろく》時代の人気俳優です。團十郎は「荒事《あらごと》」の創始者でもあります。隈取をしたヒーローが暴れまわる「荒事」の誕生によって江戸歌舞伎は本格的に始まり、こんにちに至るわけです。

隈取は、したがって、まさに歌舞伎が歌舞伎になった原点なのです。

初代團十郎によって始まった隈取は、その息子の二代目團十郎（一六八八〜一七五八）によってさらに発展していきました。役の性格や状況によって色や形を変えていきます。

隈取　右が、悪を倒すヒーローの隈取。
左が、悪の手下の「赤っ面」。

これも勉強しないとすぐには分かりませんが、細かいことは分からなくても、「おー、強そう」とか「怖そう」と思って見ていれば、それで隈取の役割は果たしていることになります。

役柄によっては顔を赤く塗ることもあります。これを「赤っ面」といいます。赤鬼みたいに見えますが、悪人のなかでも、頭はあまりよくなくてすぐに暴力をふるうというキャラクターが、この「赤っ面」です。ようするにラスボスの手下たちです。

このようにキャラクターの性格や立場を化粧で表現するのも歌舞伎の特徴です。勉強しだすと、きりがないのですが、もともとは、「ひと目でどんな人物か分かるように」ということで考案されて、洗練されていったわけですから、初めて見たお客さんがひと目で分からなければ意味がないわけです。歌舞伎では、見た目の印象がその人物の性格そのものだ、と覚えていれば、それでいいでしょう。

なお、この顔のメイクですが、役者はみな自分自身でします。

勝手に声を掛けていいのか

コンサートでは客席からステージに声を掛けることはよくありますが、演劇ではあまりありません。

そんななか、歌舞伎は掛け声が不可欠な演劇となっています。役者が登場するたびに、その役者の屋号で声を掛けることになっています。あるいは、名セリフの直前に「待ってました」と掛けることもあります。

掛け声は一幕見《ひとまくみ》席か三階席から掛けるのが暗黙のルールです。許可制ではないので、誰がどこから掛けてもいいと言えばいいのですが、やめたほうがいいです。あと、男性が掛けるもので女性はダメということになっていますが、最近は、女性でも堂々と声を掛けている人もいます。これも別に禁じられているわけではないので、そういう時代になったのだと思うしかないでしょう。と書くと、女性差別をしているみたいですが、単純に、高い声が雰囲気に合わないという話です。これも主観ですから、そのうち慣れるかもしれません。昔は女性客が贔屓《ひいき》の役者を応援しようと、お金を払って声を掛けさせていたといいます。声を出すなんてはしたないという、そういう考えがあったからです。いまはコンサートなどで女性客が声を掛けるのが当たり前なので、違和感なく、声を掛けている女性客がいるのでしょう。

それはともかく、声を掛けている人たちの多くは「大向《おおむこ》うの会」に入っている人たちです。この人たちは、歌舞伎座の三階席に出入りできるパスを持っていて、空席があればそこに座り、ないときは立って見ていて、声を掛けています。いつ、なんと掛ければいいのか分かっている人たちです。「大向こうの会」にもいくつかあるようです。

そういう会に入っていない人で、チケットを買って見に行って声を掛けている人たちもいます。

三階からだと、花道に出てくる瞬間は見えません。揚幕《あげまく》という花道へ出るところにあるカーテンのようなものが開くときのチャリーンという音で、役者が出たと判断し、「成田屋」とか「大和屋《やまとや》」と声を掛けるわけです。見えないわけだから、誰が出てくるか知っていないと声は掛けられません。それくらい詳しい人でなければ、してはいけないわけです。

この掛け声も、うまい人とへたな人がいます。大声を張り上げればいいというものではありません。役者の中には、演目によっては掛け声を嫌う人もいて、そういう場合は事前に「今月の○○では声を掛けないでくれ」とのお達しがあるそうです。

歌舞伎座以外の劇場、とくに巡業では、大向うの会の人たちがいないこともあり、掛け声が掛からないときもあります。掛け声がないと、物足りないものです

物語が終わらないで終わる

歌舞伎を見に行って感じる違和感のひとつが、物語がいきなり始まり、さらにちゃんとした結末にならないのに終わってしまうことです。

「昨日、歌舞伎を見に行ったよ」と学校や会社で言って、「へえー、何を見たんです

か」ときかれ、「最初が『鵺退治《ぬえたいじ》』で、次が『菅原伝授手習鑑《すがわらでんじゅてならいかがみ》』の『寺子屋』で、それから『十六夜清心《いざよいせいしん》』で、最後が『楼門五三桐《さんもんごさんのきり》』だった」と答えると、たいがいの人は目を点にします。これは実際に今年（二〇一六年）五月の歌舞伎座の昼の部の演目です。

普通の演劇では、「昨日、劇団四季のミュージカルを見たよ」「へぇー、何を見たんですか」「『ライオンキング』を見た」となります。あるいは、「シアター・コクーンで『アルカディア』っていうのを見たよ」とか。

一回の公演ではひとつの演目を上演する、というのが、普通です。まあ、たまに短いもの二本立てというのもあるかもしれませんが。

ところが歌舞伎の場合、昼の部・四時間をひとつの長い芝居だけ、というほうが珍しいのです。そうかと思うと、昼の部と夜の部を通して、ひとつの長い芝居をすることもあります。その場合、チケットは別ですから二回分、買わないとならない。

ひとつの芝居の最初から最後までを上演することを「通し狂言」といいます。この場合の「狂言」とは、いわゆる「狂言」のことではなく、「芝居」のことで、「通し狂言」とは、「通して上演する芝居」という意味です。

徳川時代は、基本的に全て通し狂言でした。昔の芝居はとても長く、朝から晩までひとつの作品をゆっくりと上演していたのです。いまでも、『仮名手本忠臣蔵《かなでほんちゅうしんぐら》』『義経千本櫻《よしつねせんぼんざくら》』『菅原伝授手習鑑』などは、通し狂言として、昼の部と夜の部を通して上演されます。

これを本当に最初から最後まで「通して見る」となると、午前十一時に開演となり、三時過ぎに昼の部が終わり、一時間弱の間をどこかで暇をつぶして、四時半から九時頃まで夜の部を見ることになるので、まさに一日中、劇場にいることになります。その間、ずっと座っているのは、それはそれで疲れるものです。

だから私は、昼の部を見たら、それで帰り、数日後に夜の部を見ることにしていますが、何度も来るほうが疲れるので昼と夜を同じ日に見る、高齢の歌舞伎ファンも多いのです。もっと歳をとると、私もそうなるかもしれません。

『仮名手本忠臣蔵』は全部で十一段まである長い芝居なのですが、そのなかの五段目・六段目だけとか、七段目だけを上演することもあります。このように長い芝居のある部分だけを抜き出して上演するのを、「見取《みどり》」といいます。「よりどりみどり」が語源だとされていますが、はっきりしません。徳川時代に大阪で始まった興行システムで、明治以降、東京でも定着しました。現在の歌舞伎興行は、基本的には「見取」で、数か月に一度、「通し狂言」があるという状況です。

「見取」は、物語の途中から始まり、途中で終わります。全体の流れを知っていないと、何が何だか分かりません。筋書（関西では「番附」といいます。プログラム。あるいはパンフレットのこと）で、その前の話を読んでおくなどの予習が必要になりますし、物語が完結しないで終わるので、「あれ、これで終わりなの」となってしまいます。

　この「見取」上演については、疑問の声もあるのですが、といって、昔のように朝から夕方までひとつの芝居を延々と見るのも大変です。

　つまらないと客が来なくなるので、ストーリー上の重要性よりも、長い芝居のなかで見応えのある、面白い場面のあるところを選んで上演しているので、ある意味では見取はお客さんにとってもありがたいと言えるわけです。

『仮名手本忠臣蔵』で言うと、「見取」でよく上演されるのは、お軽《かる》・勘平《かんぺい》の物語の部分です。本来の忠臣蔵、赤穂浪士《あこうろうし》の討ち入りの物語のなかではサイドストーリーなのですが、だからこそ、そこだけ独立しているので、「見取」で上演されるのです。これが「忠臣蔵」全体の中での五段目と六段目にあたります。その続きの七段目は、すでに勘平は死んでいるので登場しませんが、大星由良之助《おおぼしゆらのすけ》（大石内蔵助《おおいしくらのすけ》がモデル）が登場するので、この段も、よく上演されます。その一方で、刃傷《にんじょう》松の廊下、塩冶判官《えんやはんがん》（浅野内匠頭《あさのたくみのかみ》がモデル）切腹や、城明け渡し、討ち入り、といった本来の名場面がある段は、通し狂言以外では上演されません。

だから何も知らないで、「今月は忠臣蔵なのか、行ってみよう」と思って見に行っても、大石内蔵助も吉良上野介《きらこうずけのすけ》も出てこないお芝居を見せられることもあります。

それにしても、シェイクスピアの専門の劇団が「今月は『ハムレット』の三幕目と『ロミオとジュリエット』の二幕目と『オセロ』の五幕目を上演します」なんてことはやらないので、不思議なシステムです。

この「見取」ですが、昭和になってから作家によって書かれた作品の場合は、ありません。もともと、朝から晩までやるような長い作品がなく、一時間から二時間におさまるように書かれているからです。

ストーリーではなく、役者を見る演劇

劇団四季のミュージカルのポスターやチラシには、出演する俳優の名前がどこにも出ていません。同じミュージカルでも帝劇などで上演される東宝のミュージカルでは、写真入りで出演者が明記されています。ダブルキャスト、トリプルキャストのことが多いのですが、どの日には誰が出るか、チケットが発売される前から明示されています。だから自分の好きな俳優が出る日を選んで買えるわけです。劇団四季の場合は、誰が出るかは関係ない、という考え方なのでしょう。

では歌舞伎はというと、完璧なスター主義興行です。

そもそも「見取」という、劇作家の作家性や物語の構成を無視した上演方式でもお客さんが満足するのは、歌舞伎はストーリーや作家性を楽しむものではなく、役者の演技、あるいは役者の存在そのものを楽しむためのものだからです。

さらに言えば、ストーリーよりも様式美が売り物の演目もあるし、さらには役者の美しさ、かっこよさだけを楽しむようなものもあるからです。もともと、ストーリーのな

い演目もけっこうあるわけです。

「歌舞伎は奥が深い」のも事実ですが、「歌舞伎は見た目の美しさ、かっこよさが勝負」というのも事実で、これほど、表層的な舞台藝術はないとも言えるのです。

「浅いのはダメで、深いのが素晴らしいのだ」という考え方をする人が、藝術愛好家、とくに伝統的な藝術の愛好家には多いのですが、それはその人の考えであって、別に浅くてもいいし、表層の美をひたすら追求する藝術があってても、かまわないわけです。

歌舞伎にも、人間心理を深く掘り下げた劇で、卓越した心理描写が求められる演目・役柄はありますが、ひたすら表面の美しさをアピールするものもあるわけです。あるいは、活劇での役者の身体能力の限界まで挑む「動き」そのものに感動することもあります。幕が開いたとたん目に入る、大道具（セット）の豪華絢爛《けんらん》な美しさに息を呑《の》むこともあり、これだって歌舞伎の楽しみです。

「五十年見続けて初めて分かること」もあれば、「初めて見ても一瞬で虜《とりこ》になる魅力」もあるのです。

ようするに、予習なんてしだしたらきりがない一方で、何も知らないで見に行っても楽しめる要素も多い――それが歌舞伎なわけです。

いちばんもったいないのは、「ある程度、勉強してからでなければ見ても分からないのではないか」と思い、いつまでも見に行かないことです。「何だかよく分かんないけど、見てみようか」という軽い気持ちで見に行くことです。案外、そういう人のほうが衝撃が大きくて、歌舞伎にはまるものなのです。

そしていま、そういう衝撃を与えてくれる役者といえば、まずは市川海老蔵《えびぞう》なわけです。

別の意味で衝撃を与えてくれるのが、坂東玉三郎《たまさぶろう》。当代一の女形《おんながた》です。

女形アレルギーのテスト

歌舞伎の最大の特徴、他の演劇との決定的な違いは、女優がいないことです。女性の役も男が演じます。「宝塚の逆ですね」と言われたことがあり、たしかにその通りですが、宝塚のほうが歌舞伎を真似したというか、参考にして逆転の発想で女だけの劇団を作ったのです。歌舞伎は四百年以上の歴史がありますが、宝塚の歴史は百年です。

歌舞伎では、女の役を演じる人のことを「女形《おんながた》」といいます。昔は「女方」と書いたようで、これは「裏方」の「方」と同じで、「〇〇の役割をする人」という意味です。つまり「女の役をする人」だから「女方」でした。いつしか「女形」となり、現在では「女形」が一般的です。また昭和の時代には、「おやま」と読むこともありましたが、これも現在は「おんながた」が定着しています。歌舞伎の高尚化とともに「女方」から「女形」、「おやま」から「おんながた」と変化したように思います。

歌舞伎役者は、誰でも女形を演じます。とくに若い頃はどちらに向いているかまだ分からないので、誰でも女形を経験します。そのうちに、その役者の家の藝とか、当人の体格とか顔立ちによって、女形専門になるかどうかを決めます。男役のことは「男方」とはいわず、「立役《たちやく》」といいますが、日常的にはそう多くは使われません。立役は当たり前だから、あえていう必要がないのです。

男が女を演じるわけですから、ようするに「女装」です。お化粧もします。そのため、「女形は気持ち悪い」というイメージを持っている人は、多いと思います。たしかに、「普通ではない」。しかし、そういう「気持ち悪い女形」は昭和の遺物といってよく、昨今の女形は、へんな言い方ですが、みな美人です。

私は一九六〇年生まれなので、若い頃、一九八〇年代はまだ昭和でした。その時代の女形のトップは、六代目中村歌右衛門《うたえもん》で、この人の評論家や歌舞伎通の人の間での評価はとても高いのですが、一九一七年生まれなので、私が見た時点で七十歳近く、とても「美しい」とは思えませんでした。

歌右衛門が歌舞伎に遺した功績は大きいのですが、その一方で「歌右衛門は苦手」「歌右衛門が出るなら見ない」という人もたくさんいて、多くの「歌舞伎嫌い」「女形アレルギー」を生んだという負の功績もあります。なにしろ、「歌右衛門のよさが分からなければ、歌舞伎は分からない」というのが偉い先生方の見解でした。そういう雰囲気だったので、歌右衛門を見てどこがいいのか分からない人、どう見ても美しいとは思えなかった人は「私には歌舞伎なんて無理だ」と思い、見に行かなくなってしまうわけです。とにかく、私やその上の世代には、いまだに女形アレルギーが多く、その理由は、歌右衛門にあったのです。

しかし、現在は、歌右衛門のような「美しくない女形」はいなくなりました。

その代表が、坂東玉三郎なわけです。玉三郎も六十代半ばを過ぎ、私が初めて歌右衛門を生で見たときの年齢になっていますが、歌右衛門に感じたグロテスクさはありません。まだまだ美しい。玉三郎が舞台に出る機会は、今後、そう多くないと思うので、いまがラストチャンスです。玉三郎だけは、いまのうちに見ておくことをお勧めします。

そして、玉三郎を見て、「やっぱり、男が女に扮《ふん》するなんて気持ち悪い」と思ったら、歌舞伎は楽しめないかもしれません。つまり、むかない。

でも、もう少しつきあってみてください。その次の世代、尾上菊之助《おのえきくのすけ》、中村七之助《しちのすけ》などの若い女形が控えています。もっとも菊之助は将来、菊五郎を襲名する運命にあるので、女形専門ではなく、立役も演じていますから、最近は女形を勤める機会は少なくなっていますが、なんといっても、母が女優の富司純子《ふじすみこ》ですから、その美貌を受け継いでいて、美しい。

玉三郎、菊之助、七之助を見ても、どうしても女形は苦手だとなったら、残念ですが、苦手なものを無理する必要はないと思います。

「女形アレルギー」には「食わず嫌い」の面もありますので、自分が「女形アレルギ

尾上菊之助の白拍子花子。「京鹿子娘道成寺」（2011 年 11 月新橋演舞場）Ⓒ松竹株式会社

ー」かどうかのテストとして、この三人を見ることを勧めます。「ああ、なんてきれいな女優さんだ」と思って、あとで「あれは男だよ」と知って驚いて、改めて魅力を知る、というパターンもあります。

「歌舞伎は女も男が演じる」ということを知らずに見て、「ああ、なんてきれいな女優さんだ」と思って、あとで「あれは男だよ」と知って驚いて、改めて魅力を知る、というパターンもあります。

私がいまだに違和感があるのは、男が女を演じることではなく、七十歳を過ぎた名優が、青年の役を演じることのほうです。それもまた「至高の藝」だと絶賛され、たしかに、実年齢よりははるかに若く見えるので、すごいのですが、どう見ても三十歳代には見えないときもあります。といって、若い役は若い俳優が演じればいいかというと、そうでもないので、難しいというか、奥が深いなあ、となるわけです。

片岡仁左衛門は実年齢が七十歳を超えているのに「青年」に見えるのですごいのですが、大幹部・幹部のなかにはどう見ても「青年」には見えない人もいます。外見は仕方がないのですが、動作もおろおろして、「青年」を感じさせないのです。ところが、七十歳を過ぎた歌舞伎の女形が娘の役を演じる場合は、マイナスにマイナスをかけるとプラスになるようなもので、もともと不自然なのですが、これは虚構、お芝居だと割り切って見るので、舞台に登場した瞬間は、「えー、これでお姫様かよ」と思っても、数分もたてば、なれてしまうものです。こういうのは、藝の力なんだなあと思います。

同じ名前が何人も、一人の役者にいくつもの名前

歌舞伎は役者が中心の演劇ですから、まずは役者の顔と名前を覚えなければなりません。日本俳優協会に所属しているのは二百数十人なのですが、そのうち、「大幹部」「幹部」と呼ばれる主役クラスは十数人。その幹部の息子や孫は「御曹司《おんぞうし》」と呼ばれ、合計で四十人くらい。学校の一クラスと同じくらいです。

これら中心となる役者たちは、ほとんどが何らかの親戚関係でもあります。つまり、歌舞伎界というのは、ひとつの巨大ファミリーなのです。

歌舞伎役者の話をしていて混乱するのが、親子で同じ名前で、ひとりでいくつもの名前があることです。

ひとつの名前を親子何代にもわたって共有し、なおかつ、ひとりの役者が生涯に何度も名前を変えるのです。

たとえば、松本幸四郎。現在の幸四郎は九代目です。この人の父が、八代目幸四郎でしたが、亡くなる直前に息子に「幸四郎」を襲名させて自分は白鸚《はくおう》と名乗りました。白鸚だった時期が短かったので、多くのファンにとっては、この人は「八代目幸四郎」でした。そして、その父が七代目松本幸四郎です。明治に生まれて戦後の一九四九年に亡くなりましたので、年配のファンの中には、七代目幸四郎を見たことのある人もいます。ですから単に「幸四郎の弁慶はよかった」と言った場合、当代（九代目）の幸四郎なのか、その父の八代目なのか、あるいは伝説の名優である七代目幸四郎のことなのか、分からない。

もちろん、「先月見た、幸四郎の弁慶はよかったよ」と言うのであれば、当代のことだと分かりますが、世代の違う人と話していると、「その幸四郎って何代目ですか」と確認しないと、こっちは九代目のことを話しているのに、相手は八代目のことを話していたなんてことがあります。

この問題は、「〇代目」と付ければ、だいたい解決しますが、いちいち付けるのも煩雑なので、悩ましいところです。

もうひとつの問題は、これも松本幸四郎を例にとれば、当代の九代目幸四郎は、その前は市川染五郎《そめごろう》と名乗っていました。その九代目幸四郎の息子が、現在の市川染五郎です。

染五郎時代の幸四郎（これも変な言い方ですが）はミュージカルスターでもあり、歌舞伎ファン以外にも知られているスターでした。そのため、年配の方で歌舞伎ファンではない方と話していて、その方が「染五郎はよかった」と言う場合、いまの染五郎なのか、幸四郎のことなのか、混乱することがあります。

さらに、役者には屋号というのがあります。歌舞伎を見ていると、「成田屋」「音羽《おとわ》屋《や》」「高麗屋《こうらいや》」などと声が掛かります。「海老蔵」「玉三郎」などとは掛けないで、屋号を掛けるのです。

それぞれの役者の家ごとに屋号は決まっています。市川團十郎《だんじゅうろう》家は成田屋なので、海老蔵には「成田屋」と声を掛けます。玉三郎は「大和屋」、幸四郎・染五郎の父子には「高麗屋」です。

幸四郎と染五郎は父子なので同じ舞台に出ることが多く、そうなると、「高麗屋」ではどっちに声を掛けているのか分からないので、染五郎には「染高麗」と掛かることもあります。

そしてもちろん、彼らには本名もあります。役者同士は、プライベートな場では本名で呼び合っているようです。

このように、ひとりの俳優には、少なくとも、本名、藝名、屋号の三つがあり、藝名は、幼少期、青年期、壮年期と基本的に三つあります。海老蔵の場合、一九七七年生まれで本名は「堀越孝俊《たかとし》」、八五年に父が團十郎を襲名した際に、市川新之助を七代目として襲名し、二〇〇四年に十一代目市川海老蔵を襲名しました。何年か後には、亡き父の後を継いで、十三代目市川團十郎になるはずです。

こうやって書いてると、それだけで面倒になり、歌舞伎を見るのをやめようかと思ってしまうかもしれませんが、別に試験があるわけではないので、見ているうちに、そして歌舞伎についての本を読んだり、ひとと話したりしているうちに身につくものです。名前だけを覚えるのは、あまり意味はありません。

なお役者の名前は、フルネームか名前で呼びます。苗字だけ、ということはありません。たまに一般のニュースで歌舞伎役者が結婚したとか子どもが生まれたとか、何かの賞をもらったなどで、話題になるときがあります。そんなとき、「市川海老蔵さんに長男が生まれました」はいいのですが、その後に「市川さんは歌舞伎俳優として活躍し」などと、「市川さん」というのは、おかしいわけです。歌舞伎役者は、市川さんと中村さんと尾上さん、片岡さん、松本さん、坂東さん、澤村さん、坂田さん、上村さんくらいしかいません。略すときは苗字ではなく名のほうで呼ばないと、誰が誰だか、分かりません。

名前で分かる、役者の地位

歌舞伎役者の名前は何種類かあるというのが、だんだん、漠然と分かってきます。幹部クラスの名は、◯◯郎か◯◯衛門が基本です。

現在では、藤十郎、菊五郎、幸四郎、玉三郎が◯◯郎系。必ず数字が入ります。吉《きち》右衛門《えもん》、仁左衛門《にざえもん》が◯◯衛門系です。いまはいませんが、團十郎、勘三郎《かんざぶろう》、三津五郎《みつごろう》、歌右衛門、羽左衛門《うざえもん》なども、大幹部の名跡《みょうせき》です。

○○助も多い名です。菊之助、猿之助、門之助、錦之助《きんのすけ》、七之助、巳之助《みのすけ》と、若い役者の名に多いものです。「助」は助監督、助教授（いまは准教授といいます）などの助と同じで、主役を助ける、助演者という意味です。

こうした、いかにも日本の昔の名前っぽいのとは別に、梅玉《ばいぎょく》、魁春《かいしゅん》、芝翫《しかん》、松緑《しょうろく》などちょっと難しい漢字二文字系の名前もあります。これらは、過去の名優の俳号です。役者は俳句を趣味とする人が多く、そのときは別の名を名乗っていました。その俳名を、子孫や弟子が役者としての藝名にすることが多いのです。ある役者の後継者が何人かいる場合や、藝が先代に及ばない場合、先代の名をそのまま継がずに、俳名をもらうことがあるのです。

ただ、それがそのまま現在の役者の評価と連動するわけではありません。

このお土産屋はなんなんだ

歌舞伎座は、「観劇」という点では一階席がいちばんいいに決まっています。でも、お金に余裕があって、一階席に行ったとしても、ぜひ開演前か幕間《まくあい》には三階へ行ってみてください。三階が、劇場としての歌舞伎座のなかではいちばん面白いところです。三階の西側通路（舞台に向かって左側）には、一八八九年（明治二二年）の開場以後、歌舞伎座に出演した名優たちの写真が展示されています。

右上の四代目中村芝翫に始まり、昨年亡くなった十代目坂東三津五郎までが亡くなった順に並んでいるのです。つまり、存命中は、ここには写真は飾られません。

いま舞台に出ている役者の名前と顔を覚えるのには、直接は何の役にも立ちませんが、あの人のお父さんはこんな顔をしているのか、とか、役者の系譜を確認するのには便利です。私は、この写真コーナーで名前と顔を覚え、それから家系図の載っている本で確認して、明治以降の歌舞伎役者の系譜を頭に入れていきました。

歌舞伎に直接関係がある施設はこの写真コーナーだけですが、三階には、先に書いたように、「たいやき屋」があります。「めで鯛焼き」といって、餡《あん》の中に、紅白の小さな餅が入っているのが特徴です。ひとつ二百五十円。人気があるので、幕間によっては売り切れてしまい、次の幕間で、となります。

座席の真後ろにあたるロビーには、和菓子屋の売店もいくつもあります。「いかがですか」と試食をすすめられるので、一軒ずつそこで食べてまわると、けっこうおなかがいっぱいになります。「歌舞伎座四月大歌舞伎」という「のし紙」がついているお土産用のお菓子も売っているので、二十日を過ぎて行った日に試食したときに「あと五日で売り切らなければならないから大変ですね」と言ったら、「なに言ってるんですか、来月になったら、この紙だけ五月のに取り替えるんですよ。中身はいつも同じ」と笑っていました。

和菓子以外にも、財布とか小物入れを売っている店もあり、なかなか不思議な空間です。

お土産屋は一階の東側（舞台に向かって右）にもあり、そこはかなり広い空間に、いろんなものが売られています。歌舞伎座は全国的に有名な「観光地」でもあるので、地方から団体で来たお客さんなどは、ここでお土産を買って帰るのでしょう。歌舞伎と直接関係のあるものもあれば、全然関係のないものも売っています。

歌舞伎座の特徴として、舞台写真の販売もあります。以前は三階で売っていたのですが、現在は一階のお土産屋の奥で売っています。専門のカメラマンが撮ったその月の舞台写真が役者別に展示されていて、番号がふられているので、それを紙に書いて渡すと、次の幕間に用意されています。キャビネ判で一枚五〇〇円です。当然、初日に行っても売っていません。十日目あたりからなら売っていると思います。

舞台写真で思い出しましたが、歌舞伎座で売っている「筋書」、つまりプログラム（パンフレットともいいますが）にも、その月の舞台写真が掲載されます。これはすごいことです。いま見た舞台の写真が載っているのですから。ただし、これも月の初めに行ったのでは、掲載されているはずがありません。開幕してから数日の間に写真を撮り、それを選んで編集して印刷するわけで、写真入りの筋書になるのは、二十日あたりからです。初日が三日の場合は、二十三日ぐらいかもしれません。舞台写真が載っていないものにはカラーの絵が掲載されています。

毎月、歌舞伎座へは昼の部と夜の部へ行くので、どちらかは月の初めに行き、そのときは筋書は買わず、もう一回を二十日過ぎにして、そのときに買うようにしています。値段は同じなのですから、舞台写真が入っているほうがお買い得です。

さらには地下鉄の駅からつながっている地下二階の木挽町《こびきちょう》広場にも、お土産屋があるし、五階の歌舞伎座ギャラリーがあるフロアにもお土産屋はあります。

「木挽町」というのは、歌舞伎座のある所の地名です。いまは銀座四丁目ですが、昔は木挽町だったのです。

戸惑うのは、地下鉄の駅から地下二階の木挽町広場へ行って、そのまま劇場へ入れるのかと思うと、そうではないのです。地下二階から地上までエスカレーターかエレベーターで上がり、地上に出たら、いったん外へ出て、そして玄関から改めて入るのです。その途中の回廊には屋根があることはありますが、狭いので雨の強い日などは濡れてしまいます。

劇場の地下一階にはトイレやコインロッカーがあるのですが、この地下一階から地下二階へは行けない構造になっています。非常時用とか、関係者用に、どこかに階段があるとは思うのですが、客には分かりません。

なぜこんなややっこしい作りなのか。世界的建築家とされる隈研吾《くまけんご》氏の設計ですから、きっと深い意味があるのでしょう。なんでも、「劇場というものは、地下からそのまま行くのではなく、地上の正面玄関から入るべきだ」という考えから、地下二階からそのままロビーへは行けないようになっているそうです。

日比谷の帝国劇場は、地下鉄の駅のある地下街から帝劇のあるビルの地下へつながっていて、その階段を登っていけば、外へ出ずに帝劇の入り口へ着くので、雨の日などは便利ではありますが、たしかに「さあ、これから日常を離れて、お芝居を見よう」という改まった気分にはならないのです。地下鉄＝日常の延長になってしまいます。

面倒だし、雨に濡れて嫌なんだけど、いったん外へ出て、という動線であることで、芝居見物モードにチェンジできる、という感覚はあるように思います。ウィーンの国立歌劇場も、地下鉄の駅がすぐそばにありますが、いったん地上へ出て入るようになっています。

私のコースは、東銀座駅から木挽町広場へは向かわず、別の出口から地上へ出て、辯《べん》松《まつ》の弁当を買ってから、道路を渡って歌舞伎座へ行くことが多いのです。あるいは銀座駅から歩くことも多く、いったん、遠くから歌舞伎座を眺め、スマホで写真を撮り、「さあ、行くぞ」と自分に言い聞かせています。地下からそのまま玄関へ行くと、建物の全容を見ることがないので、気分が出ないのです。これは、建て替え前、まだ木挽町広場がなく、地下鉄から直接行けなかった時代についた習慣があるからでしょう。

さらに、五階にある歌舞伎座ギャラリーにも、たとえば「今日は三階席だから、終わったら、上のギャラリーとやらを見てくるか」と思っても三階から上へは行けず、いったん一階へ下りて、劇場の外へ出て、さらに地下二階へ下りて、専用エレベーターに乗らないと行けないのです。逆に言えば、観劇しないで、このギャラリーだけに行くこともできます。

そういうわけで、これまで五階へは一度しか行ったことがありません。歌舞伎座のうしろにそびえ立つ高層ビルが「歌舞伎座タワー」で、ギャラリーはこのタワーの五階という位置づけなのです。

新しい歌舞伎座は、建物として、奥が深いというか、高いのです。

玄関に立つ大女優

歌舞伎座へ通うようになって、最初の驚きは、あの大女優、富司《ふじ》純子が目の前に立っていることでした。

正面玄関でチケットを見せて入ると、ロビーになるのですが、その左右にテーブルが並び、役者の名前を書いた紙があり、関係者らしき人が座っています。そのコーナーには、それぞれの役者の夫人もいて、そこに大女優、富司純子が立っているのです。彼女は尾上菊五郎夫人であり、尾上菊之助の母だからです。

それを目当てで行くわけではないのですが、「あの富司純子さん」がいるのを見かけると、なんとなく得した気分になるものです。

他にも、坂田藤十郎《とうじゅうろう》の妻で参議院議長でもあった元宝塚の扇千景《おうぎちかげ》、海老蔵の妻の小林麻央《まお》、勘九郎の妻の前田愛なども見かけます。片岡愛之助と結婚した藤原紀香《のりか》もそのうち、見かけるでしょう。

その役者受付ですが、それぞれの役者の事務所の人が座っていて、後援会の人が来ると、そこでチケットを渡したり、チケット代をもらったりするためのものです。

歌舞伎のチケットを買うには歌舞伎会へ入るのがいいと書きましたが、歌舞伎会の会員よりも先に「いい席」をおさえているのが、それぞれの役者の後援会なのです。

ほとんどの役者が後援会をもっています。いまはみなホームページもあるので検索すれば、すぐに出てくるはずです。父子とも役者の場合は、後援会も同じです。入会金や年会費は役者によってさまざまだし、特典もさまざまです。その役者を囲む会をよくやるところもあれば、やらないところもあります。

後援会へ入ると、その役者の出演が決まると案内が来て、チケットを優先的に買えます。安くはなりませんし、ましてや招待券が抽選で当たるなんてこともありません。その役者を応援するのが後援会なのですから。

優先的に買えるので、「いい席」であることが多いのですが、自分で選べるわけではないようです。その点が不便だし、その役者が出ない月のチケットは買えませんので、本当に贔屓の役者がいるのでなければ、歌舞伎会へ入ったほうがいいのです。

後援会というものがあるんだってことだけは知っておきましょう。そしてこの後援会がしっかりしていると、役者は自主公演が打てるようになるのです。

まだ若い役者の後援会に入ると、本当に自分が後援しているんだって気分になるものです。

初心者向きなんてない

何をやっているのかも知らないで、いきなり歌舞伎座へ行って、その瞬間に、まるで一目惚れのように歌舞伎ファンになる人もいれば、しっかり予習をして準備万端整えてから行く人もいます。

歌舞伎についての本を書いていると、「歌舞伎を見たいのだけど、何から見たらいいでしょう」という質問を受けることがよくあります。相手にもよりますが、たいがいは、「見たいと思ったときに歌舞伎座に行けばいいんです」と答えています。

初心者向きの演目、というのは、あるようでないというか、もともと「初心者用」に作られたものなんてないわけです。推薦する人が勝手に「これは初心者向きだろう」と思っているわけです。それを選ぶ偉い学者や評論家は、自分が初心者だったときに何を見て感動したかなんて憶えていません。

歌舞伎の初心者、さらには日本文化そのものの初心者である外国人に、何を見せたらいいかというのが議論になることがあります。歌舞伎の海外公演のときは、真剣に論じられます。なにしろ、公演が成功するかどうかがかかっています。

最初の頃、日本語が分からない外国人に見せるには、言葉のない舞踊がいいのではないか、ということになり、舞踊劇を演目に選んだことがありました。すると、最初は役者の美しさに驚嘆し——女に見えるけど、本当は男だと知っていればなおさら驚きます——食い入るように見ていた観客も、数分で飽きてしまったといいます。

たとえセリフが分からなくても、しっかりとしたドラマがある演目のほうがいい、という結論になり、「初心者向き」とは何なんのかを考えさせるエピソードとなっています。

いま、「初心者向き」というコンセプトを打ち出した歌舞伎公演は、国立劇場が夏にやる「歌舞伎鑑賞教室」くらいです。

東京と近郊の高校では課外授業として、この歌舞伎鑑賞教室に在学中に一度は行くのではないでしょうか。したがって、観客はほとんどが高校生となりますが、一般の人も行けますし、「社会人のための歌舞伎鑑賞教室」として夕方から上演される日もあります。

花魁　衣装もかつらも豪華絢爛《けんらん》。重いので、とても女性ではこんな扮装で演じるのは無理といわれている。

国立歌劇場の歌舞伎鑑賞教室は、はっきり言って、名作ではあるけれど、つまらない演目が多い。多分、学校全体で行くということで、事前に教室で先生が、どういう芝居を見に行くのか解説し、予習させるのでしょう。そのため、教育上好ましくなさそうな、吉原《よしわら》が舞台の花魁が主人公のものや、犯罪が物語の中心になる演目が除外され、男女の愛、親子の愛、主従や師弟間の忠義といったものが物語の中心になる「まじめな演目」ばかりです。

それもまた歌舞伎ですから、間違ってはいないけど、多分、私がいまの高校生でも、そんな「お話」はつまらないと感じると思います。

歌舞伎は伝統藝能として高尚なイメージがありますが、そこで演じられるドラマは、男女の愛欲や、金銭欲をテーマとしたものが多いのです。忠義や親子・夫婦の情愛のドラマもありますが、それだけではないのです。でも、国立劇場が初心者向きと考えているらしい演目は、主従間の忠義と親子の情愛、男女の愛の場合もあくまで夫婦間のものばかり。

たしかに、「来週は歌舞伎鑑賞教室です。みなさんが見に行くのは、『籠釣瓶《かごつるべ》花街酔《さとのよい》醒《ざめ》』といって、江戸の吉原を舞台にした物語です」と先生が説明すると、「吉原ってなんですか」と分かっているのに質問する生徒がいそうです。「えー、吉原というのは、遊女街で」なんて答えると、「遊女ってなんですか」「いまの吉原とどういう関係ですか」と、ややっこしいことになりそうです。

そういうわけで、国立劇場の歌舞伎鑑賞教室では、つまらない話が多くなるのでしょう。

四十年近く前、都立高校生だったときに学校全体で行ったことがありますが、当時は歌舞伎に興味はなかったので、何を見たのか、何も憶えていません。高校生といえば反抗期のまっただ中。普通の授業では騒ぐと怒られるけど、こういう課外授業となると、成績にも関係ないので、まさに学級崩壊状態となり、舞台で誰が何をしていようがかまわずに、みんなおしゃべりしていました。そうこうしているとベテランの役者（名前も憶えていません）が、「こんなにうるさい学校は歌舞伎鑑賞教室始まって以来初めてだ」と怒り出しましたが、それでも、静まらなかったものです。あとで聞いた話では、どの学校もみんな同じ状況で、いつも「こんなうるさい学校は歌舞伎鑑賞教室始まって以来初めてだ」と言っていたそうです。

歌舞伎鑑賞教室は、そんなわけで、見る高校生にとっても退屈で苦痛で、仕事とはいえせっかく舞台で演じている役者にしても、屈辱であり、怒りの対象でした。それでも続けていたのは、「千人の高校生のうち、十人でも歌舞伎に興味を持ってくれればいいのだ」という崇高な使命感が関係者にあったからなのです。

ところが、その話を聞いた、ある人気役者は怒りました。

「千人のうち十人が歌舞伎に興味を持ってくれればいいってことは、逆に言えば、千人のうち九百九十人は歌舞伎鑑賞教室がきっかけで歌舞伎が嫌いになるってことじゃないか。未来の観客をわざわざ減らしているようなものだ」というようなことを公の場で言ったのです。

私の経験でも、一緒に行った全校生徒千人ちょっとのほとんどが、歌舞伎を「なんだかわかんない、退屈なもの」と受け取って帰り、二度と見なくなっていると思います。歌舞伎鑑賞教室の退屈な経験さえなければ、そのうち、何かのきっかけで歌舞伎を見たかもしれない未来の観客を失っているわけです。

一方、劇団四季はその間、全国の高校をまわり、修学旅行で東京に来るのならば、ぜひ劇団四季の公演を日程のなかに入れてほしいと営業していました。それに応じて、多くの高校生が修学旅行で初めて生でミュージカルを見て、圧倒されました。その何パーセントかが、大学生、社会人になってから、四季の公演へ行っています。他分、修学旅行で行ってもらうためには団体割引しているのでしょうが、それでもかなりの数の未来の観客を獲得しているのだから充分にもとは取れています。上演中、生徒のおしゃべりがひどかったという話も聞かないので、「ミュージカルなんて退屈だ、二度と見ない」と思った生徒は少ないでしょう。

さて、国立劇場の歌舞伎鑑賞教室へ批判めいた——しかし正論でした——ことを言った役者はどうしたか。そのせいなのか、彼とその一門は、国立劇場の普通の歌舞伎公演にも出なくなりました。しかし彼は、若い観客を獲得するために大奮闘したのです。いまの三十代、四十代の歌舞伎ファンの多くは、彼の芝居がきっかけとなり歌舞伎を見ています。

それからさらに歳月が流れ、最近の歌舞伎鑑賞教室は、若い役者、つまり見ている高校生に近い役者が中心になりました。「歌舞伎の見方」でも、若い役者がかなり工夫して、ギャグをまぜながら、退屈しないようにしていたし、演目も相変わらず、「まじめなお話」ではあったけど、若い役者が演じることでリアリティーのあるものになっていた年も多かったのです。

しかし、二〇一六年は若手ではなく、六月は中村橋之助、七月は中村魁春《かいしゅん》と坂東彌十郎《やじゅうろう》が出演します。この年だけのことなのか、国立劇場が方針転換したのか、それは分かりません。

第四章

歌舞伎についてもっと知るには

『助六《すけろく》由縁《ゆかりの》江戸《えど》桜《さくら》』より

一年生から二年生へ

松竹歌舞伎会に入った最初の年は、月に昼の部か夜の部のどちらかに行くと決めました。その他の劇場へも行ったので、どうにか十四回はクリアして、次の年はめでたく、「特別会員」の資格を得て、一般の会員よりも、一日先にチケットを買えるようになりました。

そうなると欲が出て、二年目は「ゴールド会員になるぞ」と決意してしまったのです。前にも書きましたが、ゴールド会員になるには、年間二十八回以上、歌舞伎公演に行かなければなりません。それも、あくまで松竹の興行なので、国立劇場の歌舞伎公演はカウントされないし、巡業も対象外。松竹の劇場ではない、明治座や御園座《みそのざ》の公演も、歌舞伎会を通じてチケットは買えますが、ランクアップのためのポイントは加算されません。そうかと思うと、新橋演舞場での歌舞伎ではない公演は、加算されるのです。滝沢歌舞伎も、歌舞伎会に入ると優先的にチケットが買えます。あくまで「松竹」「歌舞伎」会なのです。

二十八回のためには、歌舞伎座に毎月昼の部も夜の部も行って、二十四回、八月の納涼は三部制なので一回プラスで二十五ポイントになります。あと、三つ。新橋演舞場の歌舞伎が年に二回あるとして、それと正月の浅草、これで東京だけで、どうにか二十八回になります。大阪松竹座や京都の南座へも行けば、完璧です。

二十八回のためだけならば、何も大阪へまで行かなくても、どうにかなります。しかし、都内の歌舞伎公演に全部行くと、大阪や京都も気になってくるものなのです。

地方の劇場でも昼の部と夜の部とがあります。昼の部が十一時からで、夜の部が八時前後には終わるので、日帰りは可能です。しかし、若くはないので、そんなハードな旅程では疲れそうだから、泊まることにします。最初の日に夜の部を見て、泊まって翌日に昼の部を見るのが、基本。いつだったか、名古屋で『仮名手本忠臣蔵《かなでほんちゅうしんぐら》』の通しを上演したことがあって、そのときも、一日目に夜の部を見て、翌日、昼の部にしたので、討ち入りの後に松の廊下を見るはめになりました。

日帰りが難しいのが、京都の南座の顔見世《かおみせ》です。距離的には問題ないはずですが、南座は、年に一回の歌舞伎興行ということもあり、よく言えば、サービス精神に溢《あふ》れていて、夜十時くらいまでかかるのです。そうなると、もう新幹線はありません。

それまで国内旅行は仕事の出張以外はあまりしていなかったのが、歌舞伎を見るようになると、やたらに行くようなりました。もっとも、行くのは大阪、京都、名古屋、博多、金毘羅《こんぴら》と限定されているのですが。

かくして、二年生になると、観劇の行動範囲は全国規模になるわけです。

さあ、誰を贔屓《ひいき》にしよう

歌舞伎ファンの行動パターンは、ひとそれぞれです。

私のように、ほとんどの公演に行かないと気が済まない、コンプリート志向の人もいれば、特定の役者を追いかけて、その人が出る月は歌舞伎座に何度も通い、海外公演にまで追いかけるタイプの人もいます。

評論家であれば、公正中立でなければならないから、誰か特定の役者を贔屓にすることはあってはなりませんが、ファンは、そうではありません。好きな役者がいるからこそ歌舞伎が面白くなるのです。

役者とファンの関係は、たとえ同性同士であっても、一種の擬似恋愛ですから、誰のファンになるかは理屈ではありません。私の知人の中には、私が「あんな役者のどこがいいのだろう」と思っている役者のファンの人もいます。そうやってバランスが取れているわけです。向こうも、同じことを思っているでしょう。

初めて歌舞伎を見た瞬間に、贔屓の役者が決まる人もいれば、ひととおり見てから、じっくり考えて、この人を贔屓にしようと決める人もいます。結婚相手は一人しか選べませんが、贔屓の役者は何人いてもいいし、他の役者に乗り換えるのだって、こっちの勝手です。ただ不思議なことに、いったんある役者のファンになると、よほどのことがない限り、ずっと付き合っていくパターンが多く、その役者に子どもがいれば、その子のことも応援していきます。ほとんどの場合、ある父子を三代にわたり見ることができます。

そういうわけで、どの役者がいいか、どの役者を好きになるかは、他人のアドバイスを受けても無駄だし無意味でしょう。あるいは誰のファンにもならないという生き方もあっていいわけです。

私は、基本的に歌舞伎座の公演へは全て行っていますが、それでも出演する役者によって、三階Bで見るときと、一階のときとがあるわけで、全然、公平ではありません。客観的、中立的に見て面白いのかなあと思いますが、それもひとつの見方だし、さらに言えば、生き方でもありますから、まさに、ひとそれぞれ。

劇界の人間関係を知る

歌舞伎の公演には何人もの役者が出ます。ある役者のファンになり、その役者の出る月にしか歌舞伎座へは行かないとしても、一年も見ていれば、結果としてほとんどの役者を見ることになります。

そのうち、「この役者とは共演することが多いけど、この役者とはめったに共演しないな」とか、「なんでこの役者は、そんなにうまいとは思えないけど、いつもいい役なんだろう」とか、「劇評ではほめられているけど、どこがいいのかなあ」とか、いろんなことに気づきます。

歌舞伎は興行なので、人気と出演回数、主演する回数は比例するはずですが、そうは簡単ではないのです。歌舞伎界は年功序列の縦と門閥・親戚関係の横の関係がかなり明確で、その図式にしたがって、座組《ざぐみ》や配役が決まっていきます。

戦後の歌舞伎界らは六人の大スターがいました。黒澤映画をもじって「六人の侍」と呼ばれたこともあるし「六大スター」と呼ばれたこともあります。

いまはみな亡くなっていますが、次の六人です。

十一代目市川團十郎《だんじゅうろう》

松本白鸚《はくおう》（八代目松本幸四郎）

二代目尾上松緑《おのえしょうろく》

十七代目中村勘三郎《かんざぶろう》

七代目尾上梅幸《ばいこう》

六代目中村歌右衛門

このうち最初の三人、團十郎、白鸚、松緑は七代目幸四郎の子で、実の兄弟です。

一方、戦中から劇団制というのがあり、尾上菊五郎劇団に属していたのが松緑と梅幸で、客分として参加していたのが團十郎でした。もうひとつの中村吉右衛門劇団は、幸四郎、勘三郎、歌右衛門の三人が中心でした。

この六人が戦後の大幹部で、彼らは常に主役でした。そして、その息子たちが、いまの大幹部なわけです。六人と同世代で、実力もあったのに、中心から少し外れたところにいたのが、十三代目片岡仁左衛門《にざえもん》、二代目中村鴈治郎《がんじろう》といった関西系の役者です。戦前までは関西でも歌舞伎はかなり盛んでしたが、戦後は一気にお客さんが減り、興行ができなくなり、彼らも東京に活動の場を移したのですが、東京では六大スターが君臨していたので、なかなか主軸にはなれませんでした。

江戸三座の座元《ざもと》という歌舞伎界では由緒ある家を継承していた、十四代目守田勘彌《かんや》、七代目坂東三津五郎《みつごろう》、十七代目市村羽左衛門《うざえもん》も、主役を勤める機会はあまりまわってきませんでした。

このポジションは、そのまま息子たちにも引き継がれました。

それぞれの家で名前を世襲するのはいいとしても、劇界での地位、つまり歌舞伎座で主役を勤める権利までも世襲していいのかという疑問がありますが、表向きは、みな実力があるから大幹部になり、実力と人気があるので主役を勤めていることになっていま

戦後の六大スターとその家系（太字が現役、○の数字は代数）

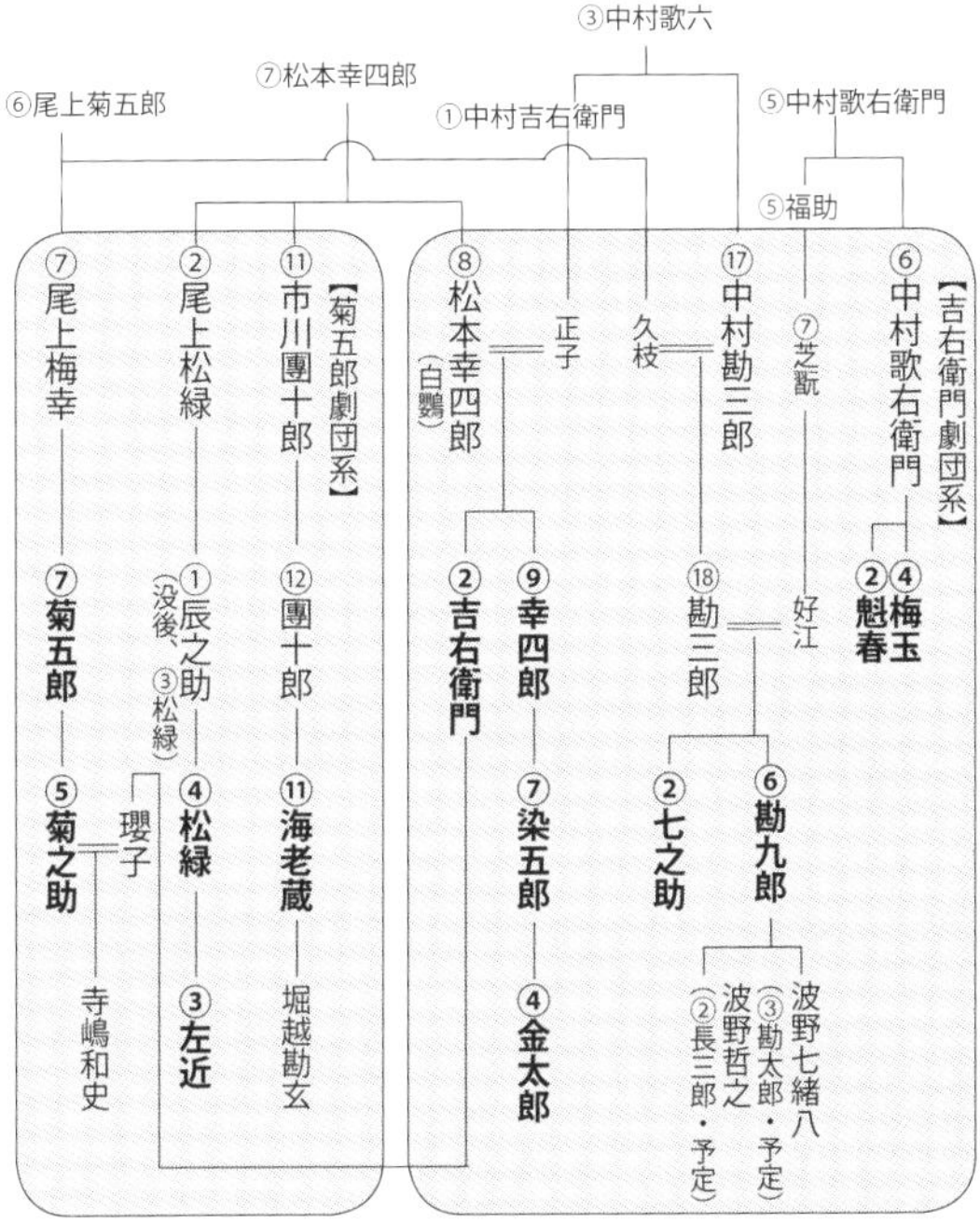

この巨大ファミリーには次の役者も属している。

■③歌六のもう一人の子が③時蔵で、その孫が⑤歌六（子が⑤米吉）、③又五郎（子が④歌昇・種之助）、⑤時蔵（子が④梅枝・萬太郎）、②錦之助（子が隼人）、②獅童。

■⑦幸四郎の娘・晃子の夫が④中村雀右衛門で、その子が⑧大谷友右衛門（子が③廣太郎と②廣松）、⑤雀右衛門。

■⑥菊五郎の娘・多喜子の夫が⑥清元延寿太夫で、その子が⑦延寿太夫（子が②尾上右近）。

■⑥菊五郎の弟が⑥坂東彦三郎で、その子が⑰市村羽左衛門。⑰羽左衛門の子が、⑧彦三郎（子が⑤亀三郎・亀寿）、②市村萬次郎（子が⑥竹松）、④河原崎権十郎。血縁はないが⑰市村家橘もこの一族。

■⑥歌右衛門の藝養子が⑥東蔵、その子が⑥松江（子が⑤玉太郎）。

■⑦中村芝翫の長男が⑨福助（子が⑥児太郎）、次男が⑧芝翫襲名予定の③橋之助（子が④橋之助、③福之助、④歌之助を襲名予定）。

■中村鴈治郎家も系図上は中村歌右衛門家。

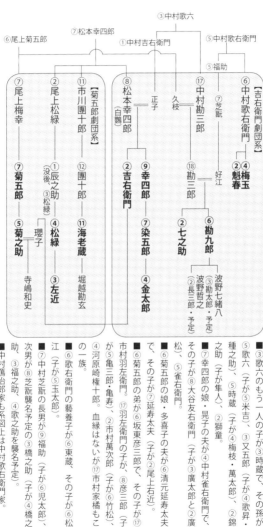

す。本当にそうならばいいのですが、彼ら以外にも実力はあるのに、なかなかいい役がつかない役者がいるのも事実です。

役者の子としては生まれず、守田勘彌に弟子入りして才能が認められて藝《げい》養子になり、さらには法的にも養子になった大幹部が、玉三郎です。そういう例外もあるのですが、あくまで例外です。

いまの大幹部の息子たちの世代を見ても、やはり地位の世襲の傾向が如実です。染五郎と菊之助は、他の同世代の役者と比べても歌舞伎座でいい役を勤める率が高いのです。演じる機会が多ければ、それだけ藝も磨かれますから、ますますうまくなります。そうやって幹部役者を育てていくシステムなのだと割り切って、染五郎や菊之助に期待するしかありません。

同じように大幹部の家の子（そういう子を「御曹司《おんぞうし》」といいます）に生まれ育った海老《えび》蔵《ぞう》、勘九郎《かんくろう》、七之助《しちのすけ》は、父親の存命中は恵まれていましたが、父が亡くなると、出番が減りました。これも露骨というか、分かりやすいものです。そういう逆境にある役者は、つい判官《はんがん》贔屓で応援したくなるというものです。

「忠臣蔵」はいつやるのか

最初の一年は、おそらく、毎回、初めて見る演目ばかりです。だから、そのたびに新鮮です。

しかし、二年目、三年目になると、以前に見たものをまた見る機会が多くなります。それでも、演目は同じでも役者が異なると、違ったものになるので、それがまた面白くなります。

その一方、題名はよく聞くのにまだ見ていない演目のことが気になってきます。歌舞伎をちゃんと勉強しようと思って入門書や歌舞伎特集の雑誌を買うと、ますます「見ていないもの」が多いことに気づき、焦ってきます。「これだけは見ておきたい」として、二十とか三十の演目が紹介されているからです。

歌舞伎の世界での「三大名作」は、『仮名手本忠臣蔵』『義経千本櫻《よしつねせんぼんざくら》』『菅原伝授手習鑑《すがわらでんじゅてならいかがみ》』です。これらは人気もあるので、上演機会が多いほうですが、それでも、朝から夜まで一日かかる大作なので、歌舞伎座でこれらの作品が通しで上演されるのは数年に一度です。

　あなたが名作主義の人で、まずは「最高傑作」「名作」「三大名作」から見たいと考えるのだったら、それが歌舞伎座で上演されるまで、歌舞伎を見るのを待っていなければならなくなります。

　歌舞伎に限らず演劇全般、そして音楽などライブ・パフォーマンスの藝術は、観客が作品を選べません。演じる側、演奏する側が、プログラムを決めます。こちらがいくら、『忠臣蔵』が名作らしいから、見たい」と思っても、今月やっているとは限らないし、だいたい数年に一度しかやらないのですから、やっていない確率のほうが高いのです。小説の名作でしたら書店に行けば売っているし、図書館にもあるし、映画もＤＶＤや配信で見ることのできるものが多くなりましたが、舞台藝術はそういうものではないのです。

「これだけは見ておきたい」なんて銘打って演目を紹介する雑誌の特集が時々ありますが、百害あって一利無しと言って過言ではありません。そんなことを言われたって、上演されなければ見ることができないではないですか。何を上演するかは松竹が決めるので、本には絶対に見るべき名作だと書いてあっても、集客力のない演目だと、めったに上演されません。

だから、「何が名作と言われているか」を知識として知るのはいいのですが、「名作だから見よう」とは思わないことです。

歌舞伎会の会員になり、毎月、歌舞伎座へ通うようになってから、『仮名手本忠臣蔵』を通しで見ることができるまで三年はかかったと記憶しています。運がよければ、最初の年に見ることができるかもしれませんが、運が悪いと三年はかかるのです。

歌舞伎座では、二〇一三年十一月と十二月に『仮名手本忠臣蔵』を、二〇一五年三月に『菅原伝授手習鑑』を、そして二〇一三年十月と二〇一六年六月に『義経千本櫻』をそれぞれ通し上演しました。そして二〇一六年は国立劇場で十月から十二月にかけて『仮名手本忠臣蔵』を上演します。歌舞伎座で次に『仮名手本忠臣蔵』を上演するのは、二〇一七年か一八年あたりでしょうか。

もっとも、通し上演ではなくても、これらの作品の一部は、頻繁に「見取《みどり》」上演されますので、一年間、歌舞伎座に通えば、何かは見ることができると思います。

焦らないことです。名作は、なかなか来ないかもしれないけれど、消滅することはないし、逃げることはないので、待っていることです。

歌舞伎のDVDもあるけれど

生の舞台では『仮名手本忠臣蔵』を何か月も、あるいは何年も待たないと見ることはできませんが、DVDという手もあります。ほとんどの歌舞伎の名作がDVDになっています。生の舞台を見なければ本当に見たことにはならないという正論は正論として、そうは言ってもやってないんだからDVDで見ることを批判するのはおかしい。

市販されているDVDは過去の公演をNHKが劇場中継したときの映像がほとんどで、昭和の終わりから平成にかけてのものが中心です。それ以前は、ビデオそのものが未発達だったので、映像として残っていないのです。

最近は衛星チャンネルで歌舞伎座の公演のほとんどが放送されるので、契約するのもいいでしょう。そういうわけで、昔はNHKしか録画していませんでしたが、いまはアーカイブとしてだいぶ充実しているはずです。それでも放送はされても市販されているものは限られていますし、けっこうなお値段です。

歌舞伎は、作品そのものは徳川時代や明治のもので著作権は切れていますが、役者の権利と、松竹の権利があるので、ややっこしいのです。舞台写真を本に掲載するのにも、松竹の許諾（有料）と、日本俳優協会を通しての役者当人の許諾（有料）が必要だし、さらに、高名な写真家が撮った写真を載せたい場合は、その写真家にも払わなければなりません。

ＤＶＤは予習用、復習用としては役に立ちますが、必ずしも自分の好きな役者が出ているものがあるわけではないので、よほどの歌舞伎ファンでないと、揃えていないのではないでしょうか。

でも、亡くなってしまった伝説の名優の姿を見ることができるので、ＤＶＤは貴重です。歌舞伎座の売店でも売っています。

ですが価格が高いのは困ったものです。高いから多く売れない、多く売れないから高いという悪循環になり、新しいものが出なくなるのは困るのです。

映像といえば、舞台をそのまま映画にした「シネマ歌舞伎」があります。歌舞伎座などでの舞台をハイビジョンカメラで撮影し、それを編集して、映画館で上演するものです。見逃していた舞台や、もう一度見たいものがあれば、それに行くのもいいです。家でＤＶＤで見るよりは迫力があります。アメリカのニューヨークのメトロポリタン歌劇場も同じ方法でオペラのライブビューイングをやっています。全世界的に劇場での公演を映像化して配信したり、ＤＶＤにするのが流行しています。

松竹は映画会社でもあるのだから、いままで歌舞伎を映画にしていないほうが不思議なのですが、松竹の演劇部門と映画部門とは、昔からほとんど連携していません。歌舞伎役者が映画に出るとしても、松竹以外の会社の映画が多いわけです。演劇部門と映画部門とが仲が悪いのか、お互いに遠慮しているというのもあるのでしょう。大企業に勤めたことがないので、そういう感覚はよく分かりません。

例外的に、戦後のある時期、菊五郎劇団が年に一本くらいのペースで松竹映画に出ていたことがあり、当時は海老蔵だった十一代目團十郎や二代目尾上松緑が出た、舟橋聖《ふなはしせい》一《いち》原作『絵《え》島生島《じまいくしま》』（大庭《おおば》秀雄《ひでお》監督）という大作もありました。十一代目團十郎は若くして亡くなったのであまり映像が遺っていないので、この映画は貴重なものです。ＶＨＳ

は持っているのですが、DVDにしてほしい。当時の歌舞伎界は歌右衛門・幸四郎・勘三郎のいる吉右衛門劇団が強く、菊五郎劇団は歌舞伎座に出る機会が少なかったので、映画に出ていたとも言えます。いまの海老蔵が映画やドラマにやたらに出ているのも、そういう事情が背景にあるのでしょう。

シネマ歌舞伎は東京では東銀座、つまり歌舞伎差のすぐ近くの東劇で上演されています。この映像をDVDにしてくれればいいのにと思うのですが、いまのところ、なっていません。

シネマ歌舞伎は興行の一種なので、プログラムにあるのは、集客力のある勘三郎と玉三郎主演が中心です。もう少しラインナップが増えるといいのですが。

幻の名作に名作なし

頻繁に上演される演目がある一方で、「歌舞伎座では五十年ぶり」とか、なかには徳川時代まで遡《さかのぼ》り、「百数十年ぶりの復活上演」なんてものもあります。ほとんどの観客にとって、さらには演じている役者にとっても、初めて見る・初めて演じるものです。

「五十年ぶり」なんて聞くと、すごそうな感じがしますが、逆に言えば、「何らかの事情で、五十年間、上演されていなかった」わけで、その「何らかの事情」というのは、ほとんどが「つまらない」「客に受けなかった」です。

数十年ぶりの上演というのは、学問的には価値があっても、面白くないケースが多いので、覚悟しておいたほうがいいです。頻繁に上演されるものは、やはりそれなりに面白い。受ける要素があるものなのです。

もちろん、時代によって、客の好みも変わるので、五十年前には受けたけど、三十年前には受けなくなり、しばらく上演されなかったけど、いまやってみると面白い、というのもあるので、単純ではないのですが。

歌舞伎に限らず、オペラ、クラシック音楽、あるいは小説や漫画でも、「幻の名作」と呼ばれる、「名作」と称されているのだけど、なかなか現物に触れる機会がないものが、復活上演、復刊されてみると、たいしたことがなかったという例は多いものなのです。これを「幻の名作に名作なし」と言います。

「十八番」と『勧進帳』

一年のうちに、必ず見られる名作が『勧進帳《かんじんちょう》』です。

これは、安宅《あたか》の関《せき》での義経と弁慶の話ですが、あまりにも頻繁に上演されるので、「あたかのせき」をもじって「またかのせき」とも言われるほどで、一年間に、歌舞伎座以外も含めれば、何回も上演されるのです。

『勧進帳』の主役は弁慶です。この役を「十八番」としているのは、市川海老蔵と松本幸四郎です。

この十八番、「おはこ」と呼び、「得意としているレパートリー」の意味で使われていますが、もともとは「歌舞伎十八番」からの言葉です。徳川時代後期に活躍した七代目市川團十郎が、市川家の「家の藝」として十八の演目を決め、「歌舞伎十八番」と銘打ったのです。その中のひとつが『勧進帳』です。

代々の市川團十郎が得意としていた演目が十八あったので、「歌舞伎十八番」としたようでもあるのですが、「十八」という数が先にあって、半ば強引に十八の演目を選んだとも言えます。というのは、七代目が十八番を決めた時点で、台本が現存せず、タイトルは分かっていても、どんな内容なのか分からない芝居がけっこうあったのです。

ともあれ、十八の演目を選ぶと、それは市川團十郎家しか上演できないということになり、その台本を大事に箱にしまったので「おはこ」と呼ぶという説もあるのですが、これはどこまで本当か信憑性《しんぴょうせい》のうすい話のようです。

さて、そういうわけで本来、「歌舞伎十八番」の十八作品は、市川團十郎家以外の役者は上演できませんでした。どうしてもやりたいときは、市川家の許可が必要だったのです。こういうのは近代の著作権とは別の概念、別の次元の話です。

したがって、『勧進帳』の弁慶は、本来は市川團十郎家の役者しか演じられなかった。ところが、明治の名優だった九代目團十郎には男子がいなかったので、その藝を継承するのは弟子となりました。その一番弟子が七代目松本幸四郎で、この人は生涯に千六百回も弁慶を演じました。

そのため、弁慶は「松本幸四郎家の藝」というイメージが強くなり、八代目幸四郎も弁慶役者となり、いまの九代目幸四郎も弁慶を千回以上、演じています。さらに八代目

『勧進帳』弁慶役者の系譜（太字が現役、○の数字は代数）

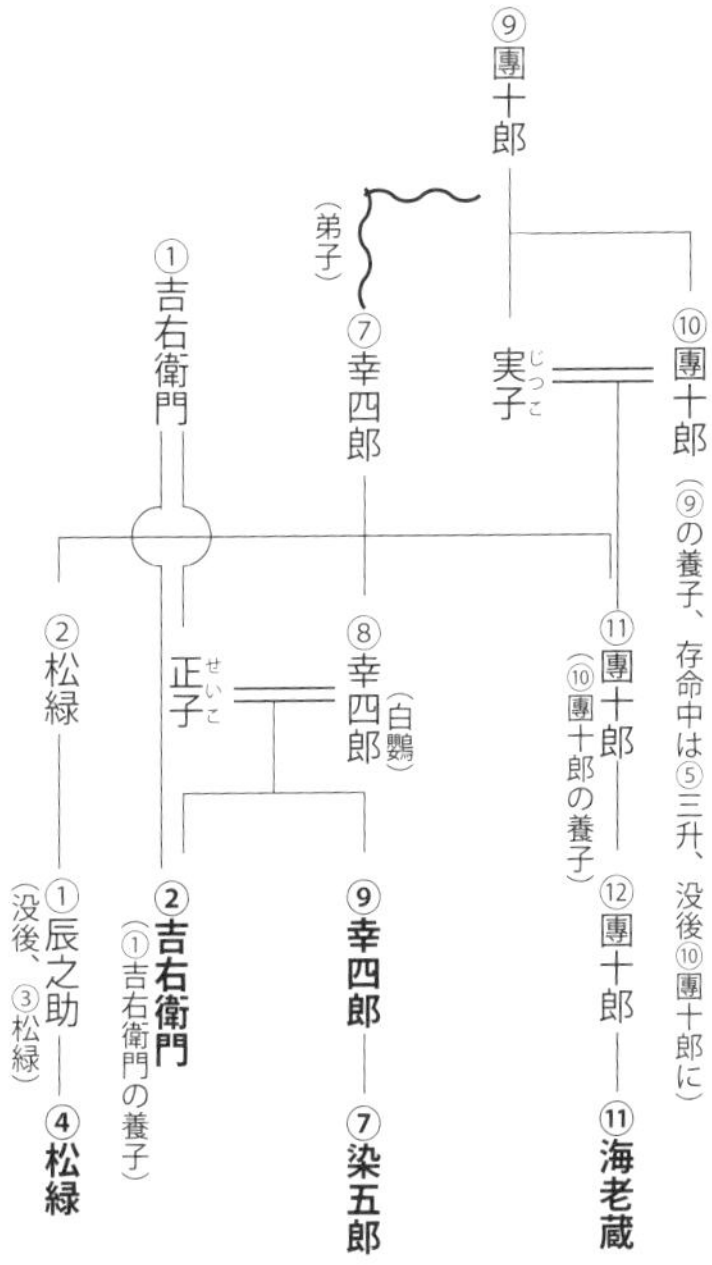

幸四郎の次男がいまの中村吉右衛門で、彼も弁慶役者のひとりです。

一方、ややっこしいのですが、七代目幸四郎の長男は、市川團十郎家の養子となり、十一代目團十郎となり、その息子が二〇一三年に亡くなった十二代目團十郎で、彼もまた当然、弁慶役者となり、その息子の海老蔵も弁慶をよく演じています。

さらにややっこしいことに、七代目幸四郎の三男は、六代目尾上菊五郎の弟子となり、二代目尾上松緑になったのですが、彼も実父である七代目幸四郎から弁慶を継承しました。その孫が、当代の松緑です。

こうして昔は「市川團十郎」しか演じないはずだった弁慶は、七代目幸四郎の子孫たちも演じるようになっています。ひ孫にあたる市川染五郎も、二〇一四年に念願だった弁慶を初めて勤めているし、尾上松緑も襲名のときは弁慶を勤めました。

そんなわけで、弁慶役者がたくさんいるので、『勧進帳』は一年間に何度も上演されるのです。本家本元は海老蔵ですが、現役の役者での最多出演を誇るのは幸四郎です。

このように、「年に何回も」とまではいかなくても、毎年必ず上演される演目は、他にもけっこうありますし、だいたい三年も歌舞伎座に通うと、半分くらいは、「一度見た」というものになります。

そうなった時点で始まるのが、「ある役が、役者によって、どう違うか」という見方なわけで、この面白さに気づいてしまうと、深みにはまっていくことになります。

「歌舞伎はストーリーを見るのではなく、役者の藝を見るのだ」という域に入っていくわけです。

なぜ繰り返し見るのか

歌舞伎は「何も予備知識がなくても楽しめる」のも真実なら、「知れば知るほど面白い」のもまた真実です。

その一方、「同じ演目を何度も見せられると飽きる」のもまた真実だし、「何度見ても面白い」のもまた真実という、分かる人にしか分からない領域へ入っていきます。

そして、「同じ舞台は二度と見られない」というのは、理屈としても正しい。昨日見た芝居を、今日も見に行ったとして、役者も同じで、同じように演じたとしても、完璧に同じということはありえません。だいたい、客席にいる人たちが昨日とは違います。

屁理屈に近いけど、真実ではあります。

客席の雰囲気が舞台に与える影響というのは無視できません。二〇一五年に海老蔵主演で、宮藤官九郎が書き下ろした新作歌舞伎が六本木の劇場で上演されたのですが、私が見に行った日は、公演のスポンサーとなっている企業の関係者が客席に多く、海老蔵ファンでもなければ歌舞伎どころか演劇すら普段は見に来ないような人たちだったらしく、シーンとしているのです。そういう集団がいると、客席全体がしらけてしまいます。舞台で演じる役者にもそれは伝わるので、とてもやりにくそうで、ギャグもほとんど不発に終わってしまいました。妻が別の日にも行ったのですが、とても盛り上がったと言っていましたから、お客さんによって舞台は左右されるものなのです。

歌舞伎座の公演でも、歌舞伎を初めて見る団体客が多い日と、常連客が多い日とでは雰囲気が違います。初めて見る人が多い日のほうが盛り上がることもあります。ストーリーを知らないので、意外な展開に驚くからです。その逆に、何がなんだか分からないので、無反応でシーンと静まりかえっているときもあります。

客席とは関係なく、演出面で初日と千穐楽《せんしゅうらく》とで、だいぶ違うこともよくあります。とくに、新作の場合は、上演しながら変えていくケースが多いので、日に日に変わっていきます。

同じ役者が同じ役を数年後に演じる場合も、変わっていることが多く、若い役者であればそれは「成長」となりますし、老いてきた役者になると、「衰え」です。でも、歌舞伎のような古典藝能の世界は衰えもまた藝の一部となり、「枯れた境地に達した」などと褒められるわけです。

大幹部になると、自分の「家の藝」があり、それを息子や孫に伝えていくことになります。しかし、なかには実の父子であっても、背格好や容姿が似ていないことがあります。子は母親にも似るからです。そうなると、父の藝の継承は難しいケースが出てきます。こればかりは、当人にもどうしようもないし、責めることもできません。

父には及ばない子もいれば、子のほうが父の上のポジションを望めそうな家もあります。そういったことも、だんだん分かってきます。

ともかく、役者の名前とそれぞれの家のことを知るのが重要となります。まずは大幹部とその子や孫で、三十名前後になります。学校の一クラスと同じくらいだから、これは一年も通えば自然に覚えます。幹部とその子や孫も含めれば、二クラスくらい。

幹部役者は一門を構えて、何人もの「お弟子さん」を抱えています。彼らは脇役や端役として舞台に出るのが仕事ですが、その他、師である幹部やその御曹司たちの世話もします。ある役者の贔屓になると、そのお弟子さんの顔や名前も覚えていくことになります。

さらには、すでに亡くなっている先祖のことや過去の名優のことも気になる。と、知れば知るほど、知りたいことが増えていくわけです。

見るだけでも忙しいのに、「知る」こともしなければならなくなるわけです。

「演劇界」を購読する

歌舞伎に限らないのですが、私は趣味を持つと、必ずその専門誌を購読します。

中学生の頃は映画が好きだったので、「スクリーン」「ロードショー」は毎月、読んでいました。高校生になると大人ぶって「キネマ旬報」に乗り換えました。クラシック音楽も好きだったので、大学生になると「レコード芸術」など、いくつも定期購読している雑誌があったものです。

歌舞伎にも専門誌があります。「演劇界」といいます。

現在の歌舞伎のこと、昔の歌舞伎のこと、その両方を学ぶには、この雑誌を毎号読むのがとりあえず、手っ取り早いのです。

「演劇界」は、明治四十年に創刊された「演藝画報」が前身で、戦後、「演劇界」として再出発したもので、演劇出版社が発行しています。この会社は、以前は独立した出版社でしたが、二〇〇七年に小学館の傘下に入りました。

小学館の傘下に入る前はＢ５判で、誌名の通り、歌舞伎が中心ではありましたが、それ以外の、新劇や新派、商業劇場まで演劇全般の情報が網羅されていました。しかし二〇〇七年からは歌舞伎の記事しか載らない、まさに歌舞伎専門誌となっています。現在は毎月五日に発売されます。Ａ４判で前半はカラーページが多い雑誌です。

現在、歌舞伎の専門誌はこの「演劇界」だけです。

「演劇界」は前月の歌舞伎公演の舞台写真が掲載されているのが伝統で、記録性の高い雑誌です。以前は評論のページもかなりあったのですが、最近は役者へのインタビューなどが主体となっています。これはこれで後々、「あの役者は若い頃はこんなことを言っていた」と資料として役に立つものですが、全体に松竹歌舞伎の広報誌的なイメージが強くなりました。

数十年前の「演劇界」は松竹からは歌舞伎座の広告をもらわず、松竹とは距離を置いており、遠慮なく公演の批判もしていたものですが、いまは批判めいた記事はまったくありません。これは「演劇界」と歌舞伎に限ったことではなく、音楽でも映画でもなんでもそうなってしまいました。

と、文句を言えばきりがないけれど、歌舞伎の唯一の専門誌であり、これがなくなると何もなくなるので、私は毎号買っています。

私がこの雑誌を読むようになったのは、小学館の傘下に入る前、海老蔵襲名の前後でしたが、そのもっと前から、この雑誌の存在は知っていました。というのは、演劇出版社の社長だった林幸男さんと私の父が親しくしていたからです。それでも歌舞伎にそんなに興味のない頃は、たとえ知人の出している雑誌でも読まなかったのですが、毎月、歌舞伎を見に行くようになってからは、毎号買うようになりました。そうしたら、林さんが演劇出版社を手放すことになってしまいました。その後、歌舞伎の本を書くようになってからは古書店でバックナンバーを集めたので、いまではかなりの号を持っています。

「演劇界」は「専門誌」だと書きましたが、これは「歌舞伎のことしか載っていない」という意味で、内容は専門的で難しいものではありません。歌舞伎の現在がどうなっているのかの雰囲気を知るのにも役立ちます。

「演劇界」の他には、松竹歌舞伎会の会報誌「ほうおう」がありますが、これはようするに広報誌だし、半分以上が宣伝の頁なので、読むところは巻頭の役者インタビューくらい。

歌舞伎を網羅的に論評する雑誌は、実質的にはないというのが現状です。つまりは必要とされていないのか。難しい問題です。

映画雑誌の場合、たとえば一月に発売される号には、二月に公開される映画の紹介記事が載りますが、これは映画だから可能なわけです。映画は公開はまだ先でも作品は完成しているので、編集者やライターは試写会で見て（最近はＤＶＤを渡されることもありますが）、書くことができます。

しかし、演劇の場合、「こういうのをやるよ」という紹介は事前にできますが、そのものを論評するのは、上演後しかできません。以前の演劇界は二十日前後に発売だったので、初日で見た評論家の劇評が載っていて、それを読んでから歌舞伎座に行くこともできたのですが、いまはそれはできません。

たとえば六月五日に発売される七月号には五月に上演された舞台の写真と劇評が載るわけです。それを読んで、「面白そうだ」と思っても、当然もう見ることは永遠にできません。

では何のために劇評を読むのか。「なるほど、そういう見方もあるのか」と感心したり、自分とはまったく逆の評価の場合は不思議がったり、そういう楽しみがあるわけですが、これはかなりひねくれたというかマニアックな楽しみかもしれません。

新聞には全国紙の場合、十日前後、まだ上演されている間に劇評が出ます。

ですから、行くかどうか迷っているときは、新聞の劇評を読んでから決めることもできます。ただ、新聞でも批判めいたことは書かないのが最近の風潮なので、そのまま信じてはいけません。あくまで「参考程度」にしたほうがいいでしょう。欧米では、初日に見た評論家による劇評が翌日の新聞に載り、それによって興行成績が大きく左右されるのですが、日本ではそんなことは、まずありえません。

それにしても、どうも私の周囲の歌舞伎ファンにきいても、「演劇界」や新聞の劇評を読んでいる人はほとんどいません。むしろ、プロの評論家ではない人たちのブログなどのほうが読まれている様子です。ファンサイトのようなものもあり、その役者についての情報は充実しています。さらに、昨今は役者自身がブログやＳＮＳで発信していますす。昨日どこで何を食べたというレベルの話から、子どもの話もあれば、いま上演している芝居の裏話もあれば、演目や役柄についての考えが述べられていたりと、それを読んでいるだけでも、大変な情報量になります。

劇評を読んでいるのは、もしかしたら、関係者と役者たちくらいしかいないのかもしれません。これはクラシック音楽の演奏評でも同じです。

他に資料として役に立つのは劇場で売っている公演プログラム、歌舞伎座では「筋書」、関西では「番附」です。その芝居の解説やあらすじも載っていますし、役者のイ

ンタビューもあって、その役にどのように取り組んでいるのかなどを語っています。また、それぞれの演目が、戦後、いつ、どの劇場で、誰によって演じられたかの一覧表も載っていて、マニアックな見方をする人にはこれが貴重な情報となります。毎月行くのであれば毎月買っていくと、そのうち歌舞伎百科事典を持っているのと同じ情報量になります。

役者のことを知りたい場合に役に立つのが、『かぶき手帖』（編集・発行　日本俳優協会、松竹、伝統歌舞伎保存会）。以前は毎年正月に新しい版が出ていたのですが、最近は春に出るようになりました。文庫より少し大きなサイズで、二〇一六年版では三五二頁でした。置いてある書店はそんなにはありませんが、歌舞伎座でも売っています。

この『かぶき手帖』は俳優協会所属の歌舞伎役者の名鑑で、写真入りでプロフィールが載っています。巻末には家系図があり、さらに歌舞伎座をはじめとする劇場案内もあります。巻頭には年ごとにテーマが決められ「特集」されています。二〇一六年は「女形の魅力」でした。カバンにも入りやすい大きさなので、劇場へも持っていけます。気になる役者がいればこれを見て確認すればいいわけです。役者を中心に「歌舞伎界の今」を知るには便利な本です。

歌舞伎の本はたくさんありますが、大型書店でないとなかなか置いてありません。そんななか、銀座にある教文館は、店の規模はそんなに大きくないのに、歌舞伎の本はいま流通しているものでしたら、たいがいのものは揃っていますし、落語や他の伝統藝能、映画の本も充実しています。銀座四丁目、銀座通りの三越の向かい側です。歌舞伎の本は二階に上がって、すぐのところにあります。この店は『花子とアン』の村岡花子が若い頃に勤めていた出版社の書店部門としても知られています。

銀座では他に、銀座五丁目の銀座コア六階にあるブックファーストも歌舞伎の本が揃っています。

この二店へは、歌舞伎座へ行く前や行った後によく寄っています。

末永く

こうして書いてきて、歌舞伎が他の演劇、あるいは文化・藝術全てのジャンルと比較して、もっとも違う点は何かというと、ファンとして長くつきあえることだと、気付きました。

最近はロック・ミュージシャンも還暦を過ぎても活動しているし、アイドルも松田聖子をはじめ、何十年も続けている人がいます。同世代のファンはそれについていっているわけですが、やはりある程度の年齢がくると、「引退」は宣言しないまでも、活躍できなくなるでしょう。

歌舞伎の場合、ある役者が亡くなったとしても、その役者の子や孫まで見続けるという楽しみがあるわけです。

歴史も長いので、過去を知ろうと思えば、いくらでも知るべきことはあります。というわけで、いったん歌舞伎の魅力を知り、楽しさを知ると、まさに死ぬまで楽しめる趣味娯楽となるわけです。

あとがき

今年、高校三年生になった親戚の子は、小学校に入学して一週間で不登校になりました。理由は「面白くない」から。どうも「学校」が、入学前にイメージしていたものと違ったようなのです。

「小学校入学」にあたり、その前の年の秋から、親戚中で「来年はいよいよ学校だね」と盛り上がりました。机はおばあちゃんが買うことになり、ではおじさんはランドセルを買おうとなって、一緒にデパートへ行きました。年が明ければ入学の日までのカウントダウンが始まりました。

本人としては、まわりの大人がこんなにも盛り上がり、「よかったねえ、もうすぐ学校だね」と騒いでいるのだから、「学校」というのは、きっと、ディズニーランドとユニバーサル・スタジオ・ジャパンを足したような、とても面白いところに違いないと思っていたようです。ところが、通い出すと、どうもそういうところではない、話が違う

――というわけで、彼女は学校へ行かなくなってしまいました。

この話を聞いて、私は親戚のひとりとして反省しました。学校をそんなふうに楽しいところだと誤解させたのはいけなかったなあ、と。

どう納得したのか諦めたのか、彼女はやがて学校へ行くようになり、中学、高校と進学し、いまでは大学を目指しています。難しい年頃の小学校高学年から中学にかけての時期にも不登校にはならなかったようなので、最初の一週間で不登校になったのが、かえって、よかったのかもしれません。

親戚の子に過度な期待を抱かせて不登校児童にさせてしまった反省から、この本では「歌舞伎の魅力」「歌舞伎の面白さ」「歌舞伎の素晴らしさ」を声高に述べることはしませんでした。歌舞伎の良さなんて、見なければ分からない。さらに言えば、感性が合わない人は、見ても分からない。この本を手にした方は、歌舞伎に何らかの関心はあるのでしょうから、それならば、一日も早く見に行ったほうがいいと思います。

私の歌舞伎体験も、実は親戚の子の学校体験と似ています。

最初に歌舞伎座で見たのが、天下の名優、不世出の女形、人間国宝にして藝術院《げいじゅついん》会員にして文化勲章受章者の中村歌右衛門でした。誘われて行くことになったときは、さぞやすばらしいものに違いないと思って、それなりに期待して行ったのですが、この名女形、すでに七十歳に近いのに「美しい花魁《おいらん》」の役をやって、全然、美しく見えない。これはもちろん、見るほうが素人で、「良さが分からない」からではあるのですが、少なくとも、ひと目で分かる美しさではありませんでした。

学校は楽しいところだと思って入学したのに、怖い先生が担任になったようなものです。

誘ってくれた人も、「まあ、歌右衛門だからねえ」と奥歯に物が挟まったようなことを言って、この役者のどこが素晴らしいのか解説をするわけでもなく、歌舞伎とはこういうものなのだからそのまま受け入れなさい、という雰囲気でした。

歌右衛門には、いろいろな意味での「凄《すご》さ」は感じましたが（それが原点となり、私の最初の歌舞伎の本である『十一代目團十郎と六代目歌右衛門』は書かれました）、「よし、これから毎月、歌舞伎座へ行こう」とは思いませんでした。当時はクラシック音楽とオペラにばかり通っていたこともあり、私の「歌舞伎一年生」時代が始まるのは、その十数年後になります。

一年目は、当然、初めて見る演目ばかり。単純に「どんな話なのだろう」と思いながら見ていて、なかにはくだらない話もありましたが、「なるほど、よくできた芝居だ」と思うものがたくさんありました。歌舞伎はストーリーではなく役者で見るものと書きましたが、やはり、最初はストーリーを楽しんでいました。この時期につまらない話ばかり見ていたら、「不登校」になっていたかもしれません。

半年くらい通うと、歌舞伎役者をひととおり見ることになるので、「あの人は有名なわりにはたいしたことがない」とか、「とてもうまいのに、なぜ脇役なんだろう」とか、「へたなのに、なぜいつも主役なんだ」とか、いろんな疑問が湧いてきたものです。もっとこの役者を見たいのに、歌舞伎座にあまり出ないのはなぜか、とか。

「贔屓《ひいき》の役者」は、一年くらいかけて、すべての役者を見たうえで慎重に吟味して熟慮のすえに決めたのではなく、最初に見た瞬間に決めました。カンでしかないのですが、その時の選択は正しかったと思っています。

歌舞伎役者のなかには歌舞伎以外の演劇にも出る人がいます。そういう演劇を見に行って、歌舞伎役者と普通の俳優との、発声を含めた身体能力の差があまりにも大きいのに驚いたのも、その頃でした。歌舞伎役者は演技者としてずば抜けていることが分かったのです。歌舞伎座で見たときはたいしてうまいとは思わなかった役者でも、他の演劇に出ているのを見ると、まわりがもっとへたなので、名優に見えました。

人生、お金も時間も限られているので、どうせなら、いいものを見たほうがいい。そう思って、それまではクラシックのコンサートやオペラへ行っていたのに、一気に歌舞伎へシフトしたのです。

一年生の時期は、歌舞伎以外の娯楽をどう整理していくか、自分との格闘であった——そんなことも思い出しました。

最後に、イラストを描いていただいた神谷一郎さん、担当の筑摩書房編集部の鶴見智佳子さん、ありがとうございました。

ちくまプリマー新書

068 西洋館を楽しむ ＊カラー版 増田彰久

明治から昭和の初めにかけて日本各地に建てられた多彩な西洋館。洋とも和ともつかない造形が与える不思議な魅力を、写真とともに綴った楽しみ方のガイドブック。

150 落語の聴き方 楽しみ方 松本尚久

落語とは何かを考えつつ、その聴きかた愉しみかたを探る落語論。「笑う」ことの意味、落語と歴史の関係、登場人物の無名性などから、落語という芸の特異性に迫る！

164 音楽家をめざす人へ 青島広志

音楽とは、才能か、努力か、環境か？ 音大は行くべきか、何を学ぶか、どんな仕事をするのか？ 音楽家をめざす全ての若い人に贈る元気が出る入門書。

174 西洋美術史入門 池上英洋

名画に隠された豊かなメッセージを読み解き、絵画鑑賞をもっと楽しもう。確かなメソッドに基づいた、新しい西洋美術史をこの一冊で網羅的に紹介する。

212 西洋美術史入門〈実践編〉 池上英洋

好評『西洋美術史入門』の続編。前作で紹介した、基本知識や鑑賞スキルに基き、エジプト美術から近現代の作品まで、さまざまな名作を実際に読み解く。

ちくまプリマー新書

ちくまプリマー新書

079
友だち幻想
――人と人の〈つながり〉を考える
菅野仁
「みんな仲良く」という理念、「私を丸ごと受け入れてくれる人がきっといる」という幻想の中に真の親しさは得られない。人間関係を根本から見直す、実用的社会学の本。

067
いのちはなぜ大切なのか
小澤竹俊
いのちはなぜ大切なの？――この問いにどう答える？子どもたちが自分や他人を傷つけないために、どんなケアが必要か？ ホスピス医による真の「いのちの授業」。

074
ほんとはこわい「やさしさ社会」
森真一
「やさしさ」「楽しさ」が善いとされ、人間関係のルールである現代社会。それがもたらす「しんどさ」「こわさ」をなくし、もっと気楽に生きるための智恵を探る。

003
死んだらどうなるの？
玄侑宗久
「あの世」はどういうところか。「魂」は本当にあるのだろうか。宗教的な観点をはじめ、科学的な見方も踏まえて、死とは何かをまっすぐに語りかけてくる一冊。

238
おとなになるってどんなこと？
吉本ばなな
勉強しなくちゃダメ？ 普通って？ 生きることに意味はあるの？ 死ぬとどうなるの？ 人生について、生まれてきた目的について吉本ばななさんからのメッセージ。

ちくまプリマー新書

ちくまプリマー新書261

歌舞伎《かぶき》一年生《いちねんせい》　チケットの買《か》い方《かた》から観劇心得《かんげきこころえ》まで

二〇一六年八月十日　初版第一刷発行

著者　中川右介（なかがわ・ゆうすけ）

装幀　クラフト・エヴィング商會

発行者　山野浩一

発行所　株式会社筑摩書房
東京都台東区蔵前二-五-三　〒一一一-八七五五
振替〇〇一六〇-八-四一二三

印刷・製本　中央精版印刷株式会社

ISBN978-4-480-68964-1 C0274 Printed in Japan

乱丁・落丁本の場合は、左記宛にご送付ください。
送料小社負担でお取り替えいたします。
ご注文・お問い合わせも左記へお願いします。
〒三三一-八五〇七　さいたま市北区櫛引町二-六〇四
筑摩書房サービスセンター　電話〇四八-六五一-〇〇五三